프랑스 지방분권법

프랑스 지방분권법

전 훈

경북대학교출판부

전 훈

경북대학교 법과대학 졸업(법학사)
프랑스 Paul Cézanne Aix-Marseille III 대학교 졸업(법학박사)
경상대학교 법과대학 교수, 법학연구소장 역임
프랑스 Paul Cézanne Aix-Marseille III 대학교 초빙교수(2007년)
프랑스 Nîme 대학교 초빙교수(2010년)
현) 경북대학교 행정학부 교수
경북대학교 글로벌인재학부 부학부장

프랑스 지방분권법

찍은 날 2013년 3월 14일 | 펴낸 날 2013년 3월 18일
지은이 전훈
펴낸이 함인석 | 펴낸 곳 경북대학교출판부 | 출판등록 1973년 10월 10일 ㉣97호
주소 대구광역시 북구 대학로 80번지 | 전화 053-950-6741~3 | 팩스 053-953-4692
이메일 press@knu.ac.kr
ISBN 978-89-7180-369-1 93360
※파본은 바꾸어 드립니다.

서문

본서는 중앙집권적 행정문화의 전통을 가진 단일국가의 지방분권 모델을 제시하고 있는 프랑스 지방분권법제에 대한 분석을 다루고 있다. 지난 20년간 우리의 지방분권정책에 많은 시사점을 제공해 준 프랑스 지방분권의 이론과 법제는 아직도 그 철로가 건설 중인 먼 여정이다. 이 책은 프랑스 지방분권법이 1982년부터 본격적으로 시작되어 2003년 헌법 개정, 그리고 2010년 지방자치 구조의 개편에 이르기까지 변화한 모습을 다루고 2003년 개헌의 내용과 지방자치단체 소송제도의 변화를 검토하고 있다.

본서는 2004년 귀국 후 학술지에 제출했던, 프랑스 지방분권과 지방자치법에 관한 논문에 바탕하고 있으나, 책을 쓰는 과정에서 부족하기만 했던 당시의 지식과 경험에 대한 반성과 오류를 정정할 수 있는 기회를 가지게 되었다. 그리고 프랑스 지방자치나 공법학에 대한 관심을 가진 여러분들에게 작은 도움이 되고자 다른 저서에 비해 행정조직법상의 분권이론과 프랑스 헌법상의 지방자치단체의 자유로운 행정, 보충성원칙 및 프랑스 행정소송에 관한 내용에 비중을 두었다.

본서를 집필하게 된 계기는 필자가 공부했었고 또 지금 제자들을 가르치고 있는 경북대학교와의 약속 때문이지만, 연구자로서 그리고 교육자로서의 길을 몸소 보여주신 은사 김원주 교수님과의 약속을 지키기 위함이다. 은사

님께 프랑스의 행정법과 지방자치법을 공부하고 오겠노라고 말씀드렸고, 학위를 마치고 귀국한 다음에 썼던 여러 글들을 모아 정리하면서 이 책을 쓰다 보니 감히 교수님께 그간 밀렸던 숙제를 겨우 마쳤다고 이제야 아뢸 수 있게 되었다. 병석에 계신 교수님의 건강을 기원하며 부디 좀 더 무능하고 부족한 제자를 오랫동안 꾸짖어 주셨으면 하는 바람뿐이다. 프랑스 지방분권법과 행정법에 대한 이해를 가능하게 해 준 벽안의 스승 장 마리 퐁티에(Jean-Marie Pontier) 교수님과 프랑스 체류 기간 동안 장학금을 제공해 준 프랑스 외무부에 대한 감사는 무엇으로도 대체할 수 없을 것이다.

힘들고 답답했던 유학 시절, 나 자신에 대한 숙제였던 『공공서비스법』 출간에 이어 내가 무한히 감사드릴 여러 분들에 대한 숙제로서 『프랑스 지방분권법』을 출간하면서 가족에 대한 미안함과 감사를 다시금 깨닫게 되었다. 아버님, 어머님, 그리고 가족을 위해 잠시 중단했던 연주자의 길을 재개하는 아내 홍두련과 아들 준혁과 딸 채원에 대한 고마움을 한 줄 글자로 대신함을 늘 미안하게 생각하면서 따뜻한 햇살이 들어오는 연구실의 평온함에 감사드린다.

2013년 개강을 맞이한 연구실에서

저자 씀

일러두기

본문에 자주 인용되는 문헌의 경우, 별도의 각주 없이 본문주에서 (저자, 인용 면수)로 다음과 같이 표기하였다.

> J. Bourdon. J.-M. Pontier · J.-C. Ricci, Droit des collectivités territoriales, 2e édition, PUF, Paris, 1988, p. 100. ⋯› (J. Bourdon. J.-M. Pontier · J.-C. Ricci, 100)

약어

AJDA Actualité juridique Droit administratif
(주간 행정법 · 공법 전문 학술지, 1945년 창간)

RDP Revue du droit public et de la science politique
(격월간 공법 전문 학술지, 1894년 창간)

RFDA Revue française de droit administratif
(격월간 행정법 · 공법 전문 학술지, 1984년 창간)

CGCT Code générale des collectivités territoriales(지방자치법)
L: partie législative(법률조항)
R: partie réglementaire(명령조항)
※ 본서에서는 불어 표기 없이 지방자치법 법률조항 제100조로 표기하였다.

CJA Code de justice administrative(행정법원법)

C.E. Conseil d´Etat(꽁세이데타)

C.C. Conseil constitutionnel(헌법위원회)

목차

서문 5

|제1장| 프랑스 지방분권에 대한 이해 13

제1절 | 프랑스에서의 지방분권의 의의 15

1. 분권과 지방분권 | 15
1) 집권과 분권
2) 분권과 분산
3) 지방분권과 민주주의

2. 지방분권의 구성요소 | 21
1) 법인격
2) 고유한 사무
3) 중앙(정부)의 통제

3. 분권의 한계 | 26
1) 계서적 통제
2) 후견적 감독

제2절 | 프랑스 지방분권의 진행 과정 33

1. 지방분권의 여명 | 34
1) 준비기
2) 점진적인 지방분권화 – 분권화를 위한 열망

2. 지방분권의 전개 | 38
1) 지방분권 제1막 – 중앙과 지방, 그리고 지방 간의 권한배분
2) 지방분권 제2막 – 지방분권의 격상

|제2장| 보충성원칙과 권한배분 47

제1절 | 보충성원칙의 의의 49

1. 보충성에 대한 개념 | 49
   1) 어원상의 접근
   2) 인간공동체의 조직 구성과 보충성

2. 보충성원칙의 등장 | 51
   1) 연혁
   2) 보충성과 통일성

제2절 | 법률상 권한배분 방식에서 국가조직에 관한 헌법적 가치로 55

1. 권한배분의 교정원칙 | 55
   1) 권한배분에 관한 두 방식의 병존
   2) 보충성원칙의 채택

2. 프랑스 헌법 제72조 제2항에 나타난 보충성원칙 | 59
   1) '권한의 실행 과정'의 의미
   2) 고려할 목표

제3절 | 권한배분의 기준과 실제 모습 63

1. 국가와 지방자치단체의 권한배분에 관한 전통적 원칙 | 63
   1) 전문성원칙
   2) 일반권한조항 방식

2. 지방자치단체 간 권한배분의 실제 | 65
   1) 1980년대 지방분권법 이후의 현실화된 권한이양
   2) 2004년 8월 13일 법률 이후의 권한배분

|제3장| 지방자치단체의 자유로운 행정의 헌법적 보장 —— 75

제1절 | 지방자치단체의 자유로운 행정을 위한 기반의 보장 …… 77

1. 지방의회와 자유로운 행정 | 78
2. 헌법적 보장을 위한 권한과 최소한의 수단 | 79
3. 실험법과 지방자치단체의 참여 | 80
4. 주민투표와 자유로운 행정 | 83
5. 강화된 재정자치 | 84

제2절 | 지방자치단체의 대외활동과 자치경찰 …… 85

1. 분권화된 국제협력 | 85
   1) 원칙에 관한 논의
   2) 분권화된 협력의 모습
   3) 지방자치단체와 유럽연합
2. 지방(자치)경찰 | 89
   1) 지방경찰의 담당자
   2) 지방경찰권한의 행사

제3절 | 자유로운 행정을 위한 재정자치 …… 95

1. 지방재정 운영에서의 지방분권원칙 | 95
   1) 프랑스 지방재정의 현황
   2) 분야별 권한배분 원칙과 통합교부금
   3) 권한의 이전에 수반되는 재원이전
   4) 세원의 이전에 따른 보상
   5) 자주성이 보장되는 지방교부금의 변화
2. 지방재정조정 제도 | 100
   1) 국가-지방자치단체 간 수직적 재정조정: 교부금
   2) 지방자치단체 간 수평적 재정조정: 형평화

|제4장| 지방분권과 법치주의 - 지방자치단체의 행위의 적법성 통제 —— 107

제1절 | 지방자치단체의 행위의 위법성 확인을 위한 월권소송 ······ 111

1. 월권소송의 특징 | 112
   1) 행위에 대한 소송
   2) 공익소송
   3) 공서적 특성

2. 프레페 제소와 병존하는 월권소송 | 114
   1) 소의 이익
   2) 월권소송의 대상
   3) 제소기간
   4) 프레페의 제소

3. 프레페 제소의 절차 | 119
   1) 프레페 제소
   2) 신청에 의한 데페레

제2절 | 자유로운 행정과 긴급가처분 ······ 124

1. 꼬뮌 브넬(Venelle) 판결 | 124
   1) 사건의 개요
   2) 판결이 갖는 의미
      - 지방자치단체의 '자유로운 행정'에 대한 해석

2. 기본권 보장 긴급가처분 | 127
   1) 기본적 자유의 침해
   2) 중대하고 명시적으로 위법한 침해
   3) 행정청의 권한행사과정에서 발생한 침해의 긴급성

|제5장| 지방의 역량강화와 지방행정제도 개혁 131

제1절 | 지역개발과 계획계약 134

1. 지방의 혁신과 발전 | 134
   1) 지역혁신 정책과 지방의 경쟁력
   2) 지역발전 정책의 패러다임
2. 지역발전과 경쟁력 강화 | 137
   1) 국가주도형 지역혁신 모델과 지방자치단체의 참여
   2) 경쟁력 강화 관점에서 본 계획계약

제2절 | 진행 중인 지방행정 개혁과 지방분권의 전망 141

1. 지방자치단체 개혁을 위한 법률 | 142
   1) 2009년 발라뒤르 보고서
   2) 관련 당사자의 반응
2. 지방행정조직의 근본적 개혁 | 146
   1) 지방자치단체 수의 감소와 규모의 광역화
   2) 지방행정계층에 대한 변화
   3) 특별한 지위를 가진 '광역파리시(Grand Paris)'
3. 지방민주주의와 효율성 | 150
   1) 지방행정계층의 단순화와 민주성의 강화
   2) 좀 더 분명한 중앙과 지방, 지방 간의 권한배분과 지방재정의 정비
4. 지방에서의 국가행정의 개혁 | 159

에필로그 161
참고문헌 163
색인 167

| 제 1 장 |

프랑스 지방분권에 대한 이해

Droit de la décentralisation française

제1절 | 프랑스에서의 지방분권의 의의

1. 분권과 지방분권

지방분권은 국가와 구별되는 공법인 지방자치단체에 대하여 의사결정권을 이전하는 것을 말한다. 프랑스 헌법 제1조[1]는 국가조직의 분권화를 선언하고 있다. 국가와 지방자치단체 사이의 권한의 배분과 함께 양자의 관계 설정 방식이라 할 수 있는 지방분권을 국가의 기본규범 첫머리에 선언하고 있음은 지방분권에 대한 프랑스인들의 근본적인 인식의 변화가 왔음을 보여준다. 분권(la décentralisation)은 국가조직(구성)의 형태이자 테크닉으로 이해할 수 있는데, 프랑스 공법학자들은 분권의 의미를 행정상 분권(la décentralisation administrative)으로 설명한다. 분권은 이에 대한 반대 의미로 이해할 수 있는 집권(la centralisation)과 상반되는 특징을 가지고 있다. 그리고 분권에 대한 내용을 좀 더 정확하게 알기 위해서는 분권과 이름이 유사하나 구별되는 분산(la déconcentration)에 대한 이해가 필요하다.

1 | 프랑스 헌법 제1조는 공화국의 단일성, 종교적 중립성, 사회적 민주주의를 선언하고 있었다("La France est une République indivisible, laïque et sociale"). 그런데 지방분권을 위한 2003년 3월 28일 헌법 개정에 따라 기존의 제1조에 "공화국의 조직은 분권화된다(Son organisation est décentralisée)."라는 규정이 추가되었다.

1) 집권과 분권

프랑스 공법학자들은 행정조직에 관한 설명으로 분권과 집권이라는 개념을 일찍부터 연구해 왔다. 사회공동체의 의사결정 방식을 통일성과 다양성이라는 지표로 대별시켜 본다면, 행정조직은 통일성을 지표로 하는 국가의사의 구체화된 모습인 집권과 다양성 차원에서 각 사회공동체의 특성에 부응하는 조치를 채택하는 분권이라는 배합을 통해 나타난다(C. Debbasch, 189).

집권은 국토 전체에 걸쳐 국가(중앙정부)가 자신이 내린 의사결정에 따라 행정업무 전체를 집중시키는 특징을 가진다. 행정조직 측면에서 통일되고 계층화된 질서를 가진 행정조직을 통해 국가의 일을 처리할 수 있다. 이에 비해 분권은 앞의 집권이 가지는 통일성에 대한 반대의미를 가지는데, 조직체의 의사결정이 중앙-지방 또는 국가-법률이 정한 특수한 영역으로 갈라진다는 점이 특징이다(J. Rivero · J. Waline, 36-37).

한편, 앞서 말한 바와 같이 행정적 분권은 다시 지방분권과 기능적 분권으로 구별된다. 먼저, 지방분권의 경우 지방자치단체의 고유한 이익에 따라 의사결정의 주체가 되는 공법인(지방자치단체)이 헌법이 보장하는 자유로운 행정을 위한 의사결정권을 행사하는 것으로 설명할 수 있다. 이에 비해 기능적 분권은 법률이 정하는 바에 따라 법인격을 가진 단체(l'établissement public, 영조물법인을 말하며, 지방자치단체는 원칙적으로 지방분권에 해당하므로 제외한다)에게 재정적 자치와 고유한 의사결정권을 부여하지만 행정상 후견 감독을 인정하고 있다.

2) 분권과 분산

행정적 지방분권 · 권력분산 등 어느 용어를 사용하더라도 데콩상트라시옹(la déconcentration)이란 단어를 만족하게 설명하는 용어를 찾아내기가 어렵다. 프랑스 행정법 교재에 따라 설명의 차이가 있긴 하지만, 대체로 분산은 "동일한 조직체에서 최상위 기관이 내린 결정이 위계상 아래에 있는 기관에게 이전되는 것"으로 이해할 수 있다. 프랑스 행정에 특유한 현상인 계층적 행정조직과 권한의 배분에 관련된 것이기 때문에 이러한 제도가 없었던 영국에서 이를 정확하게 번역하기 어려웠고(J. Bourdon · J.-M. Pontier · J.-C. Ricci, 11), 중앙집권적 행정문화가 강한 우리나라에서도 같은 현상이 존재하지 않기 때문에 정확한 용어 번역에 어려움이 있다.

(1) 분산의 의미

프랑스에서 전통적 견해에 의하면 분권과 분산은 서로 구별되며 법적으로 다른 내용을 포함하는 것이라 한다. 대표적 행정법 저자이자 파리2대학의 명예교수인 샤퓌(R. Chapus) 교수는 행정법상 분산은 "계층적인 위계질서를 가진 행정조직의 정점에 대한 집중(la concentration)의 완화된 모습"이라고 설명한다. 분산이란 표현을 처음 사용한 학자는 레옹 오콕(l. Aucoq)인데, 1865년의 '황립토목건설학교(École impériale des Ponts et Chaussées)'에서 열렸던 학술대회에서 이 용어를 처음 사용하였다. 행정법상 분산의 의미는 "동등한 중앙행정조직 내부에서 기관구성원을 배치하고 중앙행정기관과 지방 행정기관 간의 권한을 배분하는 기법"이라는 점에서 앞서 본 집권의 내용과 큰 차이가 없다고 볼 수 있다(A. de Laubadère · J.-C. Venezia · Y.

Gaudemet, 102).

이와 같이 행정조직의 분산이란 개념은, 나타난 결과만 보면 의사결정을 내리는 중앙에서 이들과 매우 긴밀하게 연결되어 외곽 내지 변두리에 있는 행정기관으로 결정권이 이전되는 것과 유사하다. 그럼에도 불구하고 여전히 그 결정권을 가진 기관은 동일하다. 따라서 집권과 분산의 유사성을 두고 여러 표현들이 있으나 가장 적절한 것으로 오디롱 발로(O. Ballot)가 적고 있는 것처럼 "두드리고 있는 것은 역시 같은 망치일 뿐이고, 다만 그 손잡이만 줄었을 뿐"이라는 점은 우리의 공감을 살 수 있다고 본다(J. Bourdon · J.-M. Pontier · J.-C. Ricci, 12).

(2) 지방분권과 (지방으로의) 분산

행정조직법상 분산은 집권을 구체화하는 방식으로 나타난다. 분산화된 행정조직의 대표자는 법령을 준수하면서 중앙권력이 보유하는 우월적 지위를 임의적으로 양도하지 못하며 엄격한 계층적 질서에서 유래하는 소속 직원에 대해 일반적 지배력을 행사하게 한다. 분산 개념은 종종 지방분권과 병행하면서 나타난다. 중앙집권이 강력한 국가에서 즉각적인 강력한 지방분권 정책을 실시한다는 것은 사실상 매우 어렵다. Aucoq이 (지방)분권의 예로 들었던 1852년과 1861년 데크레(le décret)[2]의 경우도 그 실질은 분산에 해당하지만, 당시로 보면 지방분권을 위한 첫 개혁의 시도였다고 할 수 있고, 실제로 분산이 분권을 준비하거나 분권에 수반되어 함께 등장하기도 한다.

2 | 우리의 법규명령으로 이해하면 큰 무리가 없으나 양자를 동일시하는 것은 프랑스 법령체계와 우리의 경우와 너무 많은 차이가 있어 곤란하다.

지방으로의 행정분산의 예는 프랑스의 일반 지방행정관청인 프레펙투르(le préfecture)와 그 책임자인 프레페(le préfet, 일부에서는 이를 지사로 번역하기도 한다)를 통해 적절하게 비교될 수 있다.[3] 우리와 같이 지방자치단체의 장이 중앙행정관청의 사무를 기관위임 형태로 처리하지 않고, 중앙정부에서 지방에 직접 파견하는 프레페와 그 하급관청인 수-프레페(le sous-préfet)가 지방행정사무를 처리한다. 따라서 이들은 중앙정부의 의사결정에 강력하게 기속되어 있을 뿐 아니라, 선거를 통해 구성되는 지방자치단체의 법적 행위에 대한 적법성 보장을 위한 후견 기능을 수행한다. 하지만 대혁명(1789년) 이후 체계화되고 지금도 강력한 현실적 힘을 발휘하고 있는 행정조직상의 분산을 통해 지방행정이 수행되고 있는 점을 본다면 수직적 권력분립으로서의 국가와 지방자치단체 간의 권한배분을 의미하는 지방분권과 지방분산은 구별되는 개념이라 할 것이다.

3) 지방분권과 민주주의

지방분권은 국가와 지방자치단체의 권한의 배분이라 할 수 있기 때문에 지방자치단체라는 공법인의 구성 과정에서 필수적 요소라 할 수 있는 선거를 통한 대표기관의 구성, 다시 말해 지방민주주의에 대한 검토가 있어야 한다. 지방분권의 정치적 의미와 관련해 다음 두 가지를 생각해 볼 수 있다.

먼저, 프랑스 헌법상 꼬뮌, 데파트망, 레지옹이라는 지방자치단체와 지방의회에 관한 명문규정을 통해 지방민주주의의 존재를 인정해야 한다는 점

3 | 국내 여러 문헌에서는 프레페를 지사로 번역하고 있다.

이다. 저명한 공법학자 모리스 오리유(M. Hauriou)는 분권의 의미를 법적인 경우와 정치적인 의미로 구별하여 설명한다. Hauriou는 정치적 분권과 관련해 선거의 중요성을 역설하였는데, 특히 지방분권에 있어 선거를 통한 지방권력기관의 구성을 요건으로 손꼽았다. Hauriou는 법적 측면에서 지방분권을 논하면서 선거로 구성된 지방권력기관이 법인의 형태로 나타나야 한다고 하였다.

지방분권을 구체화하는 공권력을 행사하는 지방공공단체의 존재는 이와 같은 정치적 · 법적 요소를 갖추어야 한다(C. Bacoyannis, 78-80). 또한 지방분권이 존재하기 위해서는 해당 자치단체 내부조직에서 내린 의사결정에 관한 규정이 존재해야 한다(S. Frogaïtis, 14). 물론 이러한 지방민주주의가 완전한 의미의 것이라고 보기는 어렵다. 왜냐하면, 프랑스 공법학에서는 국가의 통일성과 주권의 불가분성을 내용으로 하는 단일국가 모델에서는 지방의원(les élus)이라는 매개체를 통해 고유한 지방의 이익에 관한 내용을 결정한다는 의미를 행정적 차원에 국한해서 이해하고 있기 때문이다. 다시 말하면 지방분권화는 결코 입법이나 사법의 분권화가 아니라는 점이다.

다음으로는 이러한 지방민주주의는 정치적 민주주의를 수반할 수밖에 없다는 지적이다. Hauriou는 "지방분권의 존재 이유는 행정질서의 관점보다는 헌법상 질서에 관한 것이다. 만일 지방분권이 행정적 관점에 불과하다고 한다면, 집권(오히려 분산이라고 이해하는 것이 타당하다)이 분권보다는 더 일상적이고 중립적이며 경제적이다. 현대 국가는 정치적 자유를 함께 요구하고 있다."라고 설명한다. 그리고 토크빌(A. de Tocqueville)은 『미국의 민주주의』에서 "자유로운 인민의 힘이라는 것은 꼬뮌에 있다. 꼬뮌의 기관이 자유에 대한 관계는 초등학교가 자유에 대한 것과 같다."라고 기술하였다.

Tocqueville은 꼬뮌의 기관이 없더라도, 다시 말해 선거 없이도, 시민들은 (지방)정부를 가질 수 있겠지만 자유라는 정신을 가질 수는 없음을 역설하고 있다. 따라서 정치적 의미의 지방분권의 의미는 지방분권화의 내용인 지방자치단체를 구성하는 선거를 통해 구체화될 수 있으며, 이러한 지방분권은 분산화된 행정조직에 비해 더 많은 비용이 들고 번잡할 수 있다는 단점이 있지만 민주주의의 요청을 수용할 수 있다는 점에서 바람직하다는 평가를 내릴 수 있다.

2. 지방분권의 구성요소

1) 법인격

분권화된 공법인은 법인격(la personnalité morale)을 부여받음으로써 고유한 재산과 자신의 사무를 처리할 수 있고, 이를 위한 공무수행원, 예산상 명시된 재정적 관리권을 행사한다. 프랑스 헌법은 지방자치단체가 공법인이라는 명문 규정을 두고 있지 않지만 제34조에서 지방자치단체의 권한과 재원에 관한 사항은 법률 제정 사항으로 규정하고 있다. 우리의 경우에도 헌법 규정은 지방자치단체의 법인성에 대해 침묵하고 있으나 헌법 제9장의 지방자치의 구체화를 위한 지방자치법 제3조에서 지방자치단체의 법인성을 규정하고 있다.

공법인의 인정 가능성에 대해 가스통 제즈(G. Jèze)와 같은 공법학자는 "나는 법인과 결코 식사를 같이 해 본 적이 없다."라고 공법인의 존재를 무시하는 견해를 피력했지만, 프랑시스 폴 베느와(F.-P. Bènoit) 교수의 경우, "법인격을 통해 사회학적인 기반(le substratum sociologique)을 만들어 간다."라고 공법인의 중요성을 강조하고 있다.

프랑스에서 지방분권이론의 발전은 지역공동체에서의 법인격의 인정과 깊은 관련성을 가지고 있다. 지방자치단체들이 진정한 의미에서 공공서비스를 창설하고 지방정책에 개입할 수 있게 된 것은 지역공동체에 법인격을 인정하면서부터라 할 수 있다. 따라서 법인성이 없이는 분권을 말하기 어렵고 지방자치단체의 탄생은 있을 수 없다고 해야 한다. 프랑스 헌법에서 규정된 꼬뮌(la commune),[4] 데파트망(le département),[5] 레지옹(la région)[6]이 아닌 아롱디스망(l'arrondissement, 우리의 행정구와 유사하나 선거를 통해 대표자를 선출한다), 캉통(le canton, 데파트망 선거구)은 국가행정의 분산화된 행정구역(la circonscription, 실콩스크립시옹)에 불과하다.

2) 고유한 사무

분권을 구성하는 두 번째 내용으로 고유한 사무(les affaires propres) 내지

4 | 프랑스에서 가장 오래되고 많이 자연발생적으로 형성된 지역공동체로서 인구 200인 내외의 작은 규모에서부터 파리(Paris)와 같이 대규모까지 있다. 꼬뮌은 지방자치단체로서의 의미와 아울러 지방행정구역으로서의 의미가 같이 존재한다. 2011년 현재, 36,680개(해외 111개)의 꼬뮌이 있다.

5 | 데파트망은 프랑스 대혁명 이후 프랑스의 중앙집권적 지방행정 수행의 기본이 되었던 지역 행정구역으로서, 설치 당시 마차를 타고 하루 동안 다닐 수 있는 거리를 기준으로 지리 · 자연적 환경을 고려하여 설정되었다. 2011년 현재, 100개(해외에 4개)가 있다.

6 | 앞의 두 지방자치단체와는 달리, 레지옹은 경제 · 지역개발을 위한 행정구역에서 1948년에 설치되어 1972년에 지역 간 영조물법인(EPR: Etablissement Public Régional)으로 지위를 인정받았다. 1982년 지방분권법 제정 이후 다수의 데파트망 구역을 포함하는 가장 넓은 구역의 지방자치단체가 되었고, 주민의 선거에 의한 지방자치단체 조직 구성은 1986년에 이루어졌다. 2011년 현재, 25개의 레지옹(해외에 4개)이 있다.

이익의 존재는 지방자치단체뿐만 아니라 다른 공공단체의 경우에도 마찬가지라 할 수 있다. 언급한 바와 같이 분권은 지방분권과 기능적 분권으로 대별되는데, 후자의 형태인 영조물법인(l'établissement public)도 그 설치를 위해 요구되는 특정한 서비스 활동을 위해 법인격을 부여받고 있다. 영조물법인인 박물관(le musée)의 경우, 관련 법률 등에서 해당 공법인의 고유한 사무(les affaires propres)로 '소장 예술품의 보관과 가치의 증진'에 관한 사무라고 규정하고 있다.

(1) 지방의 이익(사무)

지방분권의 중요한 요소인 고유한 사무인 지방자치단체가 갖는 지방사무의 개념은 우선 국가의 이익과 구별되는 지방의 이익을 의미한다. 다음으로 각 지방자치단체는 그 자신에게 고유한 사무를 관리해야만 한다는 것을 의미한다(C. Guettier, 108). 따라서 공법인으로서 지방자치단체의 인정은 고유한 이익을 가지는 사무의 내용과 결정방식에 관한 자격을 지방자치단체라는 공공단체에게 인정하는 것을 말한다. 하지만 실제로 국가와는 달리 지방자치단체가 스스로 고유한 사무라고 인정하기를 원하는 (지방)사무를 가질 수 있다고 생각하기는 어렵다.

(2) 고유한 지방사무의 존재

지방자치단체의 법인격의 인정은 국가행정과 구별되는 지방사무의 존재라고 표현할 수 있다. 하지만 프랑스 실정법에서 이러한 전통적 설명을 그대로 반영하는가에 대해서는 견해가 갈라진다.

먼저, 부정적 입장으로서 로바데르(A. de Laubadère) 교수와 브네지아(J.-

C. Venezia) 교수의 공저에 잘 나타나 있다.[7] 이러한 설명에 따르면, 샤퓌자(J. Chapuisat) 교수의 1983년 권한배분법에 대한 평석과 같이 "지방분권이라는 것은 결코 지방자치단체에게 스스로 그 지역에 고유한 요구와 지방공공서비스를 창설하고 관리하는 자신의 사무의 목록을 자유로이 결정하는 권한(la faculté)을 인정하는 것이 아니다."라고 한다. "국가만이 공공의 요구를 지역적으로 그 지역의 공동체에 필요에 따라 전문성 원칙(le principe de spécialité)에 따라 법률로 결정할 수 있는 것"이며, 프랑스 헌법 제72조에서 규정하는 지방자치단체의 자유로운 행정의 보장도 그 한계를 벗어나는 것은 아니라고 설명하고 있다.

다음으로, 긍정적 입장에서는 지방자치단체의 경우 이른바 일반권한조항(la clause générale de compétence)을 통해 반드시 법률에 개별 조항이 없더라도 지방자치단체—구체적으로 꼬뮌(la commune)의 예를 생각해 볼 수 있다—의 사무를 결정할 수 있다고 주장한다.[8] 이러한 주장은 1983년 1월과 7월에 제 · 개정된 국가와 지방자치단체 간 권한배분법률을 통해서 이른바 권한블록(le bloc de compétence) 방식[9]에 나타난 전문성원칙이 오히려 비현실적이라고 지적한다(제2장 제3절 참조).

7 | A. de Laubadère · J.-C. Venezia · Y. Gaudemet, *op.cit.*, pp. 123-124. 참고로 프랑스 행정법 교재의 기본 텍스트로 읽히는 『Traité de Droit administratif』는 2001년 간행된 16판부터 『I. Droit administratif général』은 J.-C. Venezia 교수가 단독으로 집필하고 있으나 지방분권이론의 일반에 대해서는 이전의 입장과 차이가 없다.

8 | J.-M. Pontier, *Semper Manet*, Sur une clause générale de compétences, RDP, 1984, p. 1443.

9 | 1983년 1월 7일 법률은 각 자치단체의 규모를 고려하여 그 기능을 잘 효율적으로 수행할 수 있는 자치단체에 적합한 권한을 배분하도록 하고, 각급 지방자치단체에게 각각의 활동 영역에서 총괄적인 권한을 갖도록 하는 이른바 총괄적 권한배분 기법을 선택하고 있다. 예로서 중학교(le collège)의 건물의 신 · 개축과 학생들의 등 · 하교 교통에 있어서는 데파트망이 권한을 가지고 고등학교(la lycée)의 경우는 레지옹이 그 권한을 가지는 것을 들 수 있다.

3) 중앙(정부)의 통제

지방분권은 분권화된 지방자치단체에게 의사결정권을 인정하는 것을 전제로 한다. 국가의 분권화된 지방자치단체의 의사결정권은 공법인에 대해 다른 권리주체에 대한 효력을 미치는 법률행위를 제정할 수 있는 법률상 자격이 있음을 인정하는 것이다. 공공단체의 의사결정 권한은 새로운 법 효과를 발생하는 집행결정(la décision exécutoire)을 발할 수 있는 가능성을 말하며,[10] 이는 적법성 통제수단인 월권소송의 대상이 될 수 있음을 의미한다.

지방분권은 자치의 형태이지 결코 국가로부터의 독립을 의미하는 것이 아니다. 분권화된 지방자치단체는 중앙의 통제를 받게 되는데 프랑스에서는 특히 지방에 소재하는 국가의 대표 기관에 의해 수행되는 행정 전반에 걸친 폭넓은 후견적 감독이라 불리는 행정적 통제가 이루어졌다. 앞서도 언급하였지만, 행정상 분산의 경우 통제가 긴밀하게 이루어져 이른바 중앙부처의 장이 프레페나 지역의 국가기관 공무원에 대해 행사하는 계서적 통제가 이루어진다. 하지만 지방분권의 경우 분권화된 지방자치단체의 기관(지방자치단체장 · 지방의회의 법률행위)에 대해 이루어지는 통제이기 때문에 앞의 경우보다 훨씬 더 유연하다고 할 수 있다. 중앙의 통제에 관한 두 가지 모습인 위계질서상의 행정감독(le pouvoir hiérarchique)과 후견적 통제(la tutelle administrative)는 지방분권과 (지방)분산의 구별의 연장선에 있지만, 반드시 명확하다고 설명하기도 어려운 점이 있다고 할 수 있다.

10 | 이를 굳이 우리식으로 비교한다면, 지방자치단체가 행정소송(항고소송)의 대상이 되는 처분을 내릴 수 있다고 이해하여도 무방할 것이다.

3. 분권의 한계

1) 계서적 통제

계서(階序)적 통제권은 공법인 내부에서 효과적으로 발휘된다. 후견적 감독은 서로 다른 법인인 국가와 지방자치단체 간의 관계에서 논의가 되지만, 계서적 통제권은 동일한 공법인 내부에서 상급기관과 명령을 받는 공무원 간에 개입하게 된다. 계서적 감독권의 내용은 상급행정기관이 자신의 지휘하에 있는 기관 내지 소속 공무원이 가지는 권한에 대한 모든 권리의 총합을 의미한다. 후견적 감독은 법률에서 규정하고 있어야만 하지만,[11] 계서적 통제의 경우, 상급기관의 당연한 속성으로서 별다른 제약을 받지 않는다.

앞서 소개한 분산의 개념 중심에 계서적 통제권이 존재한다(R. Chapus, 385). 계서적 통제권 실행의 모습은 다음 세 가지 특성으로 요약된다. 먼저, 계서적 통제권은 제한 없이 최대한 행사된다. 다음으로, 적법성뿐 아니라 적정성(적시성)을 이유로 해서 이용될 수 있다. 그리고 상급감독기관의 자발적 동기뿐 아니라 정당한 모든 이해관계인의 요구에 의해서도 실행된다.

(1) 지시권

지시권(le pouvoir d'instruction)은 행정부서 책임자가 하급기관과 공무원에 대해 지시문서(les documents), 시큘래흐(la circulaire)나 훈령

11 | "Pas de tutelle sans textes, pas de tutelle au-delà de texte(규정 없으면 후견 없고, 규정 이외의 후견 없다)."

(l′instruction)을 발하는 것을 말한다. 이러한 서류들은 그 명칭이나 형식이 어떻든 간에 우선적으로 부서 내부에서 해석되고 적용하기 위해서 통용되는 것을 대상으로 한다. 이러한 지시권은 규범의 제정을 포함하지 않고 선재한 법적 상태를 변경하는 것은 아니다(C. Guettier, 123-125).

(2) 취소권과 변경권

계서적 통제권으로서의 취소권은 하위 행정기관의 결정의 법적 효력을 제거하는 특징을 가진다. 그 특성상 취소권(le pouvoir d'annulation)은 소급효를 가지며 그 결정이 전혀 발생하지 않은 것으로 간주된다.

계서적 감독기관은 자신이 행사하는 별도의 다른 결정인 변경권(le pouvoir de réformation)을 통해 처음의 하급기관의 결정과는 다른 것으로 교체할 수 있다. 변경권은 취소와는 달리 소급효를 가지지는 않는다. 상급기관의 변경권은 장래효만 가지면서 하급기관의 결정을 갈음한다(H. Oberdorff, 86).

2) 후견적 감독

(1) 후견적 감독의 의미

프랑스 헌법상에 규정된 행정적 통제(le contrôle administratif)의 의미는 전통적 견해에 따르면 분권의 내용으로서의 후견적 감독(la tutelle administrative)을 말한다. 후견적 감독은 통제권을 가진 기관이 행정작용의 형식을 통해서 이루어져 왔는데, 그 용어 사용에 있어 공법상 후견적 감독은 민법상의 의미와는 아무런 상관이 없다. 행정상 후견은 피후견 지위에 있는 분권화된 기관보다는 후견기관의 이익, 다시 말해 국가의 이익을 보호한다는 특징이 있다. 1982년 지방분권법 이전의 '(행정상) 후견'에 관련된 규정은 지방분권 개념의 핵심에 자리 잡고 있었다. 파리1대학의 모데른(F. Moderne) 교수는 "이론적으로나 실제상으로도 프랑스식의 분권은 …… 분권을 지탱하면서 감시하는 후견에 대한 민감한 주의가 수반된다."라고 하면서 후견을 언급하지 않고 지방분권을 언급하기란 어렵다고 하고 있다(M. Reydellet, 7). 행정조직법 분야에서 후견은 대부분의 경우 중앙권력이 적법성을 보장하고 지방이익과 개별이익에 대해 국가의 이익을 보전하기 위해 지방자치단체이든 영조물법인이든 국가와는 다른 공법인에 대해 행하는 통제의 유형과 관련된다(C. Guettier, 127).

레구드(S. Régourd) 교수에 의하면, 행정상 후견의 실행은 3가지 단계를 고려해 볼 수 있다고 한다. 우선 후견적 감독기관의 우선적 절차로서 승인과 취소권과 유사하거나 부속적인 허가와 정지권, 그리고 대집행권의 단계를 언급하고 있다(S. Régourd, 127). Chapus 교수는 후견적 감독권의 실행에 속하는 조치들을 2단계로 나누고 있는데, 먼저 후견기관 자신이 행사할 수 있는 권리를 보유하고 있는 승인 · 취소 · 대집행권의 경우와, 다음 단계로 국가이익을 대표하는 프레페가 행정법원의 판사에게 지방자치단체의 법적 행위의 위법을 주장하며 월권소송을 제소하는 경우와 같이 통제권을 가지는 타 기관에 제소권을 행사하는 경우로 설명한다.

(2) 승인권[12]

후견기관의 승인권(le pouvoir d'approbation) 행사는 피후견 기관(지방

12 | 우리 행정법에서 강학상 설명되는 법률행위적 행정처분 중 형성적 행위로서의 인가처분의 의미와 동일한 취지는 아님에 주의를 요한다.

자치단체)이 내린 행정결정의 집행적 효력에 영향을 미치는데, 후견적 감독기관이 하는 적정성(l'opportunité)의 통제 절차라 할 수 있고(S. Régourd, 128), 이것은 거의 절대적이라 할 수 있는 감독기관의 비토권(veto)이라 볼 수 있다.[13] 20세기 초반 대표적 공법학자이자 실무가였던 마스페티올(R. Maspetiol)과 라로크(P. Laroque)는 "승인은 후견기관이 내린 결정의 법적 효율성에 대해 취할 수 있는 모든 조치를 통해 그 결정의 적정성과 다양한 고려(les considérations)를 평가하면서 분권화된 기관으로 하여금 이를 받아들이거나 받아들이기를 희망하는 제 수단"이라고 기술하고 있다(R. Masétiol · P. Laroque, 107). 따라서 후견기관의 승인권 행사를 통해 피후견기관이 내린 행정결정의 집행효는 소급해서 발생하게 된다.

이와 같이 후견기관의 승인은 실제로 사전적 허가와 매우 유사한 점을 가지며 피후견기관의 의사결정을 무력화시킬 수 있는 소극적 측면이 있다. 따라서 지방자치단체의 행위와 관련한 승인 제도는 항상 상급기관의 명백하게 재량적인 평가에 달려 있게 된다(R. Chapus, 400).

(3) 허가권

피후견기관이 결정한 의사결정이 후견기관의 승인에 의해 그 집행적 효력이 종속되는 것과는 달리, 허가권(le pouvoir d'autorisation)은 후견감독기관의 개입을 훨씬 더 이전 단계에 가능하게 한다. 따라서 허가는 분권화된 기관이 필요한 허가를 얻는 경우에만 결정할 수 있는 조치와 깊은 관련

13 | L.-J. Chapuisat, La notion des affaires locales en droit administratif français, Thèse, Paris II, 1971, p. 446.

성을 가진다(R. Chapus, 403). 일반적으로 후견적 감독은 사전적 후견 감독과 사후적인 경우로 구분하는데, 그 실익은 후자의 경우에는 분권화된 기관의 의사결정의 자유의 폭이 넓다는 장점을 들고 있다. 만일 후견의 절차를 분권화된 기관의 의사결정 성립(l'édiction des décisions)의 관점에서 평가를 내리는 경우에는 허가권이 사전적 후견 감독에 해당하지만, 그 의사결정의 효력 발생(l'entrée en vigueur de ces décisions)의 기준에서 본다면 허가권이 사후적 후견 감독에 해당한다. 프랑스에서는 후견 감독으로서의 허가의 예로서 해외협력사업과 관련된 지방자치단체인 레지옹 의회의 결정이 정부의 허가를 얻도록 하는 것을 들고 있다(C. Guettier, 127). 승인이 단지 이미 선재한 (피후견기관의) 행위의 인정이라면, 허가는 하나의 권한의 부여(l'attribution de compétence)를 말한다. 후견적 감독기관의 허가 없는 지방자치단체의 행위는 권한 없는 행위로서 존재하지 않는 행위(l'acte inexistant)가 된다(S. Régourd, 148). 우리 지방자치법에서도 2개 이상의 지방자치단체가 조합을 설립하는 경우에, 시 · 도(시 · 군 · 구)의 경우 행정자치부장관(시장 · 도지사)의 승인을 얻어야 한다고 규정하고 있다(제159조 제1항). 법문상 승인이란 표현을 사용하고 있으나, 프랑스 후견적 감독의 내용으로서 의사결정의 효력 발생에 기준을 둔 사후적 후견 감독의 내용으로서 허가의 경우와 더 가깝다고 생각된다.

(4) 취소권

취소권(le pouvoir d'annulation)은 분권화된 기관의 의사결정을 소급해서 상실시키는 결과를 가져온다. 후견적 감독기관은 직접적으로 취소권을 보유하는 것이 아니라 단지 타 기관에 대해 분권화된 기관의 의사결정을 취소해 줄 것을 요구하는 자격(la faculté)을 의미할 뿐이다. 프랑스에서도 제한된 경우에 국가(대표)는 지방자치단체의 위법한 행위, 때로는 부당한 행위에 대해 국가(대표) 스스로 직접 이를 취소하는 권한을 보유했지만, 1982년 3월 2일 법률 이후 이러한 취소권은 완전히 사라졌다. 1982년 분권법 이후 국가를 대표하는 프레페는 지방자치단체의 행위를 "적법성에 위반(contraire à la légalité)"하므로 취소한다고 선언할 수 있는 행정법원에 제소(déférer)만 할 수 있게 되었다.

우리 지방자치법에서도 후견적 감독 성격을 갖는 감독기관의 지방자치단체의 집행기관의 행위에 대한 취소권을 인정하고 있다. 이러한 통제권은 당해 규정이 "취소할 수 있다."라고 규정하고 있어도 중앙기관의 기속 행위에 속하는 것으로 판단된다. 만일 시정 명령의 이유가 법령 위반인 경우라면 그 선택의 여지는 줄어들게 되며 기속적이라는 설명이 있다(홍정선, 520).

(5) 대집행권

상급기관의 대집행권(le pouvoir de substitution)은 하위의 분권화된 기관의 부작위의 경우에 행사될 수 있다. Chapus 교수는 "대집행의 실행은 분권화된 기관의 작위 의무의 불이행을 조건으로 한다."라고 설명한다(R. Chapus, 400). 대집행권은 특유한 성격을 가지는데, 후견적 감독기관이 이를 실행하는 경우에 감독기관이 취한 조치는 분권화된 기관의 명의로 취해진 것처럼 간주되고 제3자에게 손해를 가한 경우에도 감독기관이 아니라 피후견기관이 그 책임을 지게 된다.

프랑스 지방자치법(CGCT)[14] 법률규정 제2131-5조는 "꼬뮌의 시장(le maire)이, 특히 경찰 분야에서, 국가공무원으로 행위하는 경우에 데파트망의 국가대표(프레페를 말한다)는 대집행권의 행사에 관련해 제2131-1조 내지 제2131-4조는 적용되지 않는다."[15]라고 대집행권의 행사에 관해 규정하고 있다.

대집행권은 꼬뮌의 경찰권 행사가 국가기관의 지위에서 이루어지는 분야에 관한 점이라는 점에서 우리의 경우와 직접적인 비교는 어려울 수 있으나, 우리 지방자치법 제172조가 제4항[16]의 구조가 법령 위반에 대한 지방자치단체장의 기관소송 제기에 대한 소극적 저항에 대한 직접 제소권 행사인 점에 비추어 보면 기능적으로 유사하다는 시사점을 찾을 수 있다고 본다.

14 | Code général des collectivités territorialés, 직역하면 지방자치단체통합법전이 정확하나 이하 지방자치법이라 한다.

15 | Les dispositions des articles L. 2131-1 à L. 2131-4 ne font pas obstacle à l´exercice, par le représentant de l´Etat dans le département, du pouvoir de substitution qu´il tient, notamment en matière de police, des articles L. 2215-1 et L. 2215-5, ni à celui de son pouvoir hiérarchique sur les actes du maire lorsque celui-ci, en application des articles L. 2122-27 et L. 2122-34, agit comme agent de l´Etat dans la commune. (저자 밑줄)

16 | "④ 주무부장관이나 시 · 도지사는 재의결된 사항이 법령에 위반된다고 판단됨에도 불구하고 해당 지방자치단체의 장이 소(訴)를 제기하지 아니하면 그 지방자치단체의 장에게 제소를 지시하거나 직접 제소 및 집행정지결정을 신청할 수 있다."(저자 밑줄)

제2절 | 프랑스 지방분권의 진행 과정

비록 여러 차례의 어려움이 있었지만 150년이 넘는 기간 동안 꾸준히 이어진 프랑스 지방분권의 여정은 지방조직 계층의 변화와 맞물리며, 여러 단계로 나누어 볼 수 있다.[17] 지방권력의 등장 이후의 분권화의 태동기, 2차 대전 후 1982년 지방분권 개혁 전까지의 완만했던 분권화 단계, 1982년 3월 28일 분권화 법률 이후(이른바 제1막[Act Ⅰ] 시기) 단계, 2003년 헌법 개정 이후의 분권화(제2막[Act Ⅱ]의 시작) 단계 등이 그러하다. 다만 본서에서는 지방분권화의 시작을 국가와 지방자치단체의 권한배분이 본격적으로 제도화되는 1982년 분권법 이후의 상황으로 이해하고 있으므로, 앞의 두 시기는 지방분권의 여명(준비기와 점진적 진행기) 부분에서 개괄하고, 1980년대 이후와 2003년 헌법 개정 이후의 상황을 중심으로, 전자는 권한배분의 모습에 초점을 맞추고, 후자는 개정 헌법과 그 이후의 변화에 중심을 두어 살펴보기로 한다.

17 | 지방분권의 역사를 (중앙)집권과 (지방)분권으로 대비하여 구분하는 것이 일반적이지만, 시대 구분이 반드시 일치하지는 않다고 할 수 있다. 일부 저자는 대혁명 전의 구체제(Ancien Régime) – 혁명기(지방분권) – 중앙집권 – 지방분권(J. Bourdon · J.-M. Pontier · J.-C. Ricci, pp. 34-59)로 구분하기도 하고, 다른 교재는 대혁명 이후(1789~1830년)의 집권과 분권기 – 지방민주주의 완만하고 어려운 확대(1830~1944년) – 지방분권의 불확실함이 지배적인 기간(1944~1981년) – 1982년 이후(1982~1986년/1986~2002년/2003년 헌법 개정 이후)(M. Verpeaux, Droit des collectivités territoriales, PUF, 2005, pp. 3-37) 등으로 구별하기도 한다.

1. 지방분권의 여명

1) 준비기

지방권력의 부활은 대략 왕정복고(1814~1830년) 이후 제2차 대전 이전 시기에 이뤄진 것으로 볼 수 있는데, 이 기간 동안 지방분권을 위한 본격적 움직임이 있었다고 보기는 어렵다. 하지만 서로 상이한 요인들과 지방권력자들의 영향 하에 지방제도에 관한 법제를 점차적으로 개선하려는 움직임으로 귀결되는 민주주의와 지방정치권력의 부활을 위한 계속적인 시도가 등장한다. 이를 다시 세 단계로 구분해 볼 수 있다.

우선 첫 번째로, 제2제정기(1852~1870년)는 집권주의자들의 정부체제 운영에도 불구하고 지방의 자유에 대한 압박은 완화되고 일정한 자치권의 강화를 위한 입법자들의 노력이 가시화된 시기로 평가된다. 1831년에 꼬뮌의회, 1833년에 데파트망 의회의 선거가 재개되었고, 1837년 7월 18일 법률에 따라 꼬뮌의 권한이 확대되었고, 1838년 5월 18일 법률에 따라 데파트망 위원회(le conseil du département)와 아롱디스망(l'arrondissement)의 권한이 확대되었으며, 1866년 7월 18일 법률에서도 이와 같이 규정하였다. 하지만 (중앙)집권의 상징인 프레페 제도(le système préfectoral)의 변화(결코 프레페 제도가 사라진 것은 아니었다)가 공존하는 등 일종의 집권화와 분권화 모두 변화의 움직임이 상존한 상황이 계속되었다고 평가된다. 이러한 19세기 초반의 지방제도에 관한 법률은 꼬뮌이나 데파트망의 권한에 관한 규정임에도 불구하고 어느 법률에서도 중앙정부의 지방 파견 시스템인 프레페의 우월적 지위를 인정하고 있다. 비록 제2제정기 말기에 오디롱 바로(O. Barrot)나 프레보 파라돌(Prévost-Paradol)과 같은 선각자들이 주동해 일련의 지방분권을 위한 입법을 제안하였지만 현실화되지 못하였다.

다음으로, 지방권력의 실체적 존재를 확인하는 단계로 설명될 수 있는데, 과도기 정부와 제3공화국(1870~1940년) 초기에 제정되어 현재의 지방제도의 기초를 이루고 있는 데파트망 법(1871년 8월)과 꼬뮌에 관한 법(1884년 4월)이 제정되었다. 전자는 1982년 3월 지방분권법이 제정되기 전까지 프랑스 지방자치단체의 중요한 축이었던 데파트망의 기본적 조직과 운영에 관한 사항[18]을 규정하였다. 그리고 후자의 경우, 꼬뮌에 관한 종래의 법제를 통합했다고 할 수 있는데, 데파트망과는 달리 의결기관을 임기 6년의 지방의회인 Conseil municipal(콩세이 뮈니시빨)과 지방의회에서 선출되는 집행기관인 시장(le maire)의 지위를 부여하였다. 지방의 공권력 행사 기관이 체계적으로 정비된 점에서 두 법률은 프랑스 지방분권사에서 의미를 가진다고 할 수 있으나, 국가기관인 프레페(지청에 해당하는 sous-préfet[수-프레페]를 포함한다)의 엄격한 행정상 후견을 받고 있었다는 점은 그 한계를 드러낸 것이라 할 수 있다.

그리고 세 번째로, 상기한 두 법률 이후부터 제2차 세계대전 종전까지는 프랑스 지방자치단체의 지위를 뒤흔들 중요한 법제의 변동이 있다고 보기는 어려운 기간이지만, 지방재정(1899년과 1907년의 꼬뮌의 재정제도에 관한 법률)이나 꼬뮌조합제도(1890년 3월 22일 법률), 도시화를 위해 지방자

18 | 대표자(des conseillers généraux)로 구성되는 하나의 데파트망 의회인 콩세이 제네랄(le Conseil général), 다수투표자(소선거구) 투표방식 하에서 6년 임기(3년마다 1/2을 개임한다)의 2차 투표, 콩세이 제네랄(le Conseil général)에 속한 사무를 준비하고 이를 집행하는 일반 지방 행정관청이라 할 수 있는 프레페(le préfet)에 관한 내용이 규정되었다.

치단체의 사경제 활동의 참여의 요건을 완화하는 1926년의 데크레-법률(le décret-loi)은 지방(권력기관)의 활동을 강화하는 규정을 담고 있다.

그러나 제1차 세계대전과 제2차 세계대전(비시[Vichy] 체제를 포함) 기간 동안 지방의 자유는 제동이 걸렸고, 전시체제라는 특수성은 지방분권과는 거리를 둘 수밖에 없는 상황에 놓이게 되었다. 다만, 제1차 대전이 끝난 뒤 경제적 지역(la région)이라는 새로운 지방행정 계층의 제도화에 대한 필요성이 대두되었고, 현재 프랑스 지방자치제도의 새로운 주축이 된, 레지옹의 초기 모습이 구체화되어 가는 새로운 상황이 나타났고,[19] 제2차 대전이 끝나면서 급속하게 현실화되어 갔다.[20]

2) 점진적인 지방분권화 - 분권화를 위한 열망

비시(Vichy) 정부가 끝나고 1946~1979년 동안 제정된 관련 법령 규정을 전체적으로 보면 지방분권을 위한 의지가 나타난다고 평가된다. 하지만 1958년 헌법(제5공화국) 제정 전까지만 해도 전후 국가의 재건이라는 시급한 과제가 있었기 때문에 지방분권이 전면으로 등장한 것이라 보기는

19 | 프랑스에서 레지옹의 탄생의 배경이 되는 레지오날리즘(régionalisme)과 지역화 현상(régionalisation)에 관해서는 전훈의 『지방자치단체의 자유로운 행정의 헌법적 보장』(2005, pp. 300-302)을 참조하기 바란다.

20 | 1948년 IGA(Inspecteurs généraux en mision extraordinaire)로 출발하여, 1956년 21개의 레지옹 계획구, 1961년 레지옹 구역(la circonscription d´action régional)의 과정을 거쳤다. 1972년 레지옹 공공영조물법인(EPR, Etablissement de publics régionaux) 단계에 머물고 있었으나, 1982년 지방분권법을 통해 지방자치단체가 되었다. 1986년에 민선 지방정부(le Conseil régional) 구성을 위한 선거가 실시되었다. 2010년 지방개혁법에 따라 콩세이 레지오날은 역사으로 사라지고 콩세이 테리토리얄(le Conseil territorial)로 대체되는데, 마지막 conseil régional 선거가 2010년 3월(종전과는 달리 임기 4년)에 있었다.

어렵다.

제5공화국 초기의 지방제도는 급격한 도시화 현상에서 나오는 여러 사회 · 경제적 문제점이 노출되었고, 도시집중에 따른 농촌지역의 이탈 현상에 대하여 기존의 구역체제의 분할, 지방자치단체의 법제의 정비가 만족스런 결과를 나타내지 못하면서 정부는 문제점을 인식하고 대안을 내놓게 되는데, 이러한 정부의 지방시스템의 체계 정립(rationalisation)은 다음과 같은 모습으로 나타났다.

첫 번째 움직임은 지역주민들의 요구를 공동시설을 통해 운영하기 위한 꼬뮌협력체 모델의 발전이다. 1959년 1월 5일 오르도낭스(l'ordonnace)[21]에 의해 (복수목적) 꼬뮌조합(le syndicat de communes à vocation multiple), 도시지역의 디스트릭트(le district)가 설치되었고, 1966년 12월 31일 법률에 의해 도시공동체(la communauté urbaine)가 제도화되었다.

두 번째 움직임으로 기초자치단체인 꼬뮌의 합병을 들 수 있다. 1971년 7월 16일 법률의 제정으로 꼬뮌의 병합에 관한 데파트망 계획에 의해 소규모 꼬뮌의 강제적 병합이 이루어졌다. 하지만 그 성과는 매우 미미하였고, 후에 다시 강제 통합된 꼬뮌이 분리되는 경우가 발생했다.

세 번째 방향은 지방자치의 확대에 대한 관심이 증가하였다는 점이다. 특히 1970년 12월 31일 법률과 같이 중앙정부의 지방자치단체에 대한 행정상

21 | 오르도낭스는 법률명령으로 소개되기도 한다. 프랑스 헌법상 의회의 법률제정 사항과 정부의 명령제정 사항이 구별되어 있는데, 정부가 시정방침의 수행을 위해 통상 법률의 소관사항에 관하여 오르도낭스를 통해 정하는 승인을 의회에 요청할 수 있으며, 이러한 법률과 명령의 중간에 위치한 것이 오르도낭스이다. 다만 이를 독립명령으로 이해하고 우리 헌법상의 대통령의 긴급명령이나 긴급재정경제명령과 비교하는 것은 옳지 않다고 본다. 오르도낭스는 의회의 입법 영역에 속하는 사항을 정부의 의회의 위임에 의거하여 제정하는 명령이라는 점에서 엄격한 제한과 요건 하에 인정된다.

후견 감독의 완화로 나타났다.

네 번째는 레지옹이 지방행정단위로 발전되어 1980년대 지방분권 개혁과정을 통해 가장 넓은 구역을 가진 지방자치단체로 등장(레지옹 의회 선거는 1986년에 있었다)하게 되었다는 점이다.

2. 지방분권의 전개

1) 지방분권 제1막 – 중앙과 지방, 그리고 지방 간 권한의 배분

1982년 지방분권법 제정 이후 지방세, 지방의회 의원의 지위, 주민의 직접참여에 관한 사항을 제외한 40여 개의 법률과 300여 개의 데크레가 1986년까지 제정되었다. 중앙과 지방 간의 권한배분에 관한 기본 골격은 1980년대 이루어졌던 권한배분과 중앙권한의 지방이양 관련 법률에 따라 만들어졌다고 할 수 있다. 그리고 자치단체 간의 협력 방식에 있어서 1992년 2월 6일 지방행정에 관한 기본법[22]에서 이들 협력체의 고유한 세원 확보를 가능하게 하는 형태로 꼬뮌협력체 방식으로 발전되었고, 1999년 꼬뮌 간 협력의 강화와 간소화 조치법[23]에 따라 지역 여건을 고려하여 도심지역과 농촌지역, 그리고 대도시 중심의 세 가지 유형으로 단순화되었다.

22 | la loi d´orientation relative à l´administration territoriale de la République.

23 | la loi n°99-586 du 12 juillet 1999 relative au renforcement et à la simplification de la coopération intercommunale, 현행 지방자치법(CGCT) 법률조항 제5216조 이하에서 규정하고 있다.

(1) 1980년대 지방분권법상의 권한이양: 국가-지방, 지방-지방 간의 권한배분

1982년 및 1983년 등 일련의 지방분권법은 권한배분, 구체적으로 보면 중앙에서 지방으로의 권한이양에 관한 새로운 체계를 수립하는 것이었다. 이러한 분권화 작업은 1차적으로 1983년 5월부터 1986년 1월에 걸쳐 정비가 되었다.[24] 그리고 권한이양은 일정한 권한블록 전부에 대한 총괄적 이양 방식을 취하고 있다. 예를 들면, 직업 훈련 및 연수는 경제 · 개발의 역할이 강조된 레지옹에, 도시계획 부분은 꼬뮌에, 사회복지 및 보건 분야는 데파트망에 이양하는 방식으로 규정되었다.

(2) 1983년 분권법에 나타난 권한배분의 기본원칙

권한의 이양에 따른 새로운 권한배분 방식은 권한블록(le bloc de compétence)[25] 방식을 취하고 있다. 다시 말해, 각각의 계층 내지 담당기관에 각 권한이 명시되는 이른바 계층별 전문화 방식을 취하고 있는데, 이는 권한배분에 관한 두 가지 기법인 전문성원칙(le principe de spécialité)과 일반권한조항(la clause générale de compétence) 방식 중 전자에 입각한 것이다. 예를 들면, 기초자치단체인 꼬뮌은 토지이용(도시계획과 근린시설에 대한 책임)에 대한 우선적 권한을 가지며, 데파트망은 사회보장, 농촌계획(투자정책에 대한 조정과 국가에 의하여 부여된 일부 예산의 농촌꼬뮌 재분배) 등의 사회연대적 임무(une mission de solidarité)를 담당한다. 이에 비해 가

24 | 그리고 상황의 변화에 따라 2003년 헌법 개정 이후 지방의 권리와 책임에 관한 2004년 8월 13일 법률에 따라 새로운 권한이양이 있었는데, 1980년대의 지방분권화 원칙이나 기법들이 계속적으로 유지되는 가운데 일부 내용상의 변동이 있다.

25 | 우리의 현실에 대응할 적절한 용어를 찾지 못해 일단은 번역상 용어 그대로 적기로 한다.

장 광역적인 규모의 레지옹은 경제 · 사회 · 문화 분야에 관한 권한을 가지며, 특히 국가와의 계획계약(CPER)[26]을 통해 수행하며, 산업구조의 변화에 따른 직업교육과 훈련과 관련하여 주된 역할을 담당한다.

하지만 각 지방자치단체의 규모에 적합하고 그 기능을 가장 잘 수행할 수 있는 권한의 배분과 각각의 권한영역에 대한 포괄적인 권한 부여 방식은 현실적으로 일정한 한계를 가진다. 왜냐하면, 다른 공법인과는 달리 지역과 주민의 민주성을 담보로 하는 지방자치단체의 자유로운 의사결정 사항이 지방의 이익(l´intérêt local)에 관한 사항이라면 일반권한 규정에 의한 지방의 자율적 결정(자치)은 권한블록에 한정되어 오히려 법률상의 권한블록 외의 영역에 대하여는 지방자치단체의 권한 행사가 제한될 수 있기 때문이다.[27] 그리고 권한블록에 따른 총괄이양 방식은 재정적 이전을 전제로 하지만, 과연 국가가 통제권을 행사하지 않고 알짜배기 사항을 지방에 대하여 줄 것인가 하는 의문이 있다. 어떻든 간에 1980년대 분권화 법률에서 나타난 권한배분의 체계는 지방자치단체의 계층별(꼬뮌-데파트망-레지옹) 전문화와 일정한 영역에서 각 지방자치단체의 권한을 배분하여 각 관련 부문의 일정한 몫을 배당하는 형태로 나타났다.

2) 지방분권 제2막 – 지방분권의 격상

(1) 헌법에 수용된 지방분권의 의지 – 2003년 헌법 개정

2003년 프랑스 개정헌법의 내용은 이미 국내에 많이 소개되어 있으며 이

26 | Le contrat de plan entre l´Etat et les collectivités territoriales

27 | 전훈, 「보충성원칙(le principe de subsidiarité)에 관한 고찰」, 『성균관법학』 제16권 제2호, 성균관대학교 비교법연구소, 2004, pp. 359-361.

를 대체로 요약해 본다면 다음과 같다.

우선, 헌법 제1조에서 프랑스 국가조직의 분권화를 천명하였고, 제12장 지방자치단체에 관한 부분을 전면개정하였다. 2003년 헌법 개정 이후의 지방분권화 개혁을 지방분권 제2막이라 부르는 것도 헌법적 차원에서 지방분권을 국가의 조직원칙으로 천명하고, 보충성원칙과 지방재정권의 강화를 보장하는 구체적 조치를 법률을 통해 실현할 것을 명시하고 있기 때문이다. 그리고 이전부터 헌법이 규정한 '지방자치단체의 자유로운 행정(우리의 지방자치와 비교됨)'을 위한 지방의회의 명령제정권에 관해 규정하고 있다. 그런데 "(지방자치단체가) 자신의 권한 행사를 위한 명령제정권을 가진다(diposent d´un pouvoir réglementaire pour l´exercice de leur compétences)."라는 새로운 규정은 겉으로만 보면 지방자치단체의 규범 제정 권한에 변화가 발생한 것처럼 보이지만, 실제로는 그다지 실질적이지 않다고 평가되고 있다. 법 문구만으로 보면, 지방자치단체의 권한에 속한 사항에 대해 법률과 국가법령을 보충하는 지방자치단체의 명령제정권(굳이 우리식으로 비교하자면, 조례제정권)이 법률의 사전위임 없이 가능할 것 같지만, 지방자치단체의 일반적인 명령제정권(헌법상 대통령과 총리에 대해서만 규정하고 있다)이 인정된다고 하는 견해는 거의 없어 보인다(J.-B. Auby · J.-F. Auby · R. Noguellou, 21). 다만, 해외영토(구 프랑스 식민지)에 속한 지방자치단체의 경우, 이전에 비해 진전이 있었으나, 이 부분은 우리의 역사적 경험이나 현실 상황에는 낯설어 별도로 검토하지 않기로 한다.

국가조직의 분권화 조항 신설(헌법 제1조)

종전의 프랑스 헌법 제1조는 "프랑스는 단일의(불가분의), 중립(종교적 중립, laïcité)적인, 사회민주주의 공화국이다."라고 규정하였으나, 2003년 3월 28일에 제정된 2003-276호 헌법률(la loi constitutionnelle)에 따라 지방분권에 대한 헌법적 과제로 "(프랑스 공화국)의 조직은 분권화된다."라는 문구를 추가하여 지방분권이 국가조직의 근간임을 분명히 하였다.

■ **헌법 제12장(지방자치단체)의 전면개정**

우리 헌법의 지방자치에 관한 규정에 대응하는 '지방자치단체'에 관한 프랑스 헌법 제72조는 2003년 개정 이전에는 세 개 항에 불과하였다. 하지만 2003년 헌법 개정을 통해 그동안 논의되었던 지방분권화 과정에서 제기된 사항들이 다음과 같이 신설되었다.

첫 번째, 권한배분의 기본원칙인 보충성원칙이 헌법 제72조 제2항에 새로이 규정되면서 헌법 전면에 등장하였다. 헌법 제72조 제2항은 "지방자치단체는 지방(자치단체) 차원에서 최대한 실행할 수 있는 권한 전반에 관한 결정권(une vocation à prendre)을 행사한다."라고 규정하고 있다.

두 번째, 헌법 제72조 제5항 제1문에 "모든 지방자치단체는 자신의 권한 행사 과정에서 다른 지방자치단체에 대한 후견을 하지 못한다."라고 규정하여 실질적으로 상하관계에 있는 광역자치단체의 소속 기초 내지 중간자치단체에 대한 행정상 후견의 금지를 분명히 하였다. 그리고 "각 지방자치단체의 자치는 존중되어야 하고 권한의 공동실행에 관한 통상적 절차는 제도상의 협력(꼬뮌협력체와 같은 영조물법인체나 데파트망 혹은 레지옹 간의 업무 조정) 내지는 협약을 통해서 이루어진다."라고 함으로써 협의와 계약을 통한 권한 조정의 가능성을 강조하였다.

세 번째, 헌법 제72조 제4항은 새로이 "지방자치단체와 지방자치단체조합은 필요한 경우, 법률 또는 명령의 규정에 의한 대상과 기간이 제한된, 실험의 이름을 가진(à titre expérimental), 그 권한 실행을 규정하는 법률 또는 명령규정의 예외를 정할 수 있다."라고 규정하였다. 물론 실험법은 법적안정성에 도전하는 제도는 아니며, "공적 자유(la liberté publique)나 헌법상 보호되는 권리의 실행의 본질적인 요건과 관련되는 경우"에는 예외로 한다.

네 번째, 지방민주주의가 강화되었다. 신설된 헌법 제72-1조는 "법률이 정하는 요건에 따라 유권자들이 각 지방자치단체의 권한에 속하는 문제에 관하여 그 의결기관의 의사일정에 기록하도록 요구할 수 있다."(동조 제1항)라고 규정하고 있다. 그리고 조직법률이 정하는 조건에 따라 지방자치단체의 권한에 속하는 의결이나 행위에 관한 제안에 대해 주민투표를 통해 결정할 수 있도록 하여 종전에 자문적(consultatif) 성격에 머물렀던 주민투표에 대하여 다음과 같이 의결적(décisionnel) 성격을 부여하였다. "특별한 지위가 부여된 지방지치단체의 설립 또는 그 조직의 변경이 예정되는 경우, 법률이 정하는 바에 따라 관련 지방자치단체에 등록된 유권자에게 자문을 통해 결정할 수 있다."(동조 제3항) "지방자치단체 구역을 변경하는 경우에도 법률이 정하는 조건에 따라 유권자에게 자문을 구할 수 있다."(동조 제4항)

다섯 번째, 법률이 정하는 바에 따라 지방자치단체에게 과세표준과 세율을 정할 수 있도록 인정할 수 있다(peut les autotiser à)고 규정하고 있어 지방분권의 실질적 의미인 재정자치권을 대폭 강화하고 있다. 헌법 제72-2조 제3항은 "각각 (카테고리의) 지방자치단체는 세입과 다른 고유한 재원은 지방자치단체의 전체 재원의 중요한 부분을 대표하고(제1문), 조직법률을 통해 이러한 규정의 실행을 위한 요건을 정한다(제2문)."라고 규정하고 있다. 동조 제4항에서는 이미 1983년 분권법의 기본원칙인 재원이양을 수반한 권한

이양 원칙을 확인하고 있는데, "국가와 지방자치단체 간의 모든 권한의 이양은 그 실행을 위해 사용한 규모에 상응하는 재원의 배분이 수반되어야"라고 규정하였다.

(2) 2003년 헌법 개정 이후

2003년 헌법은 입법자에게 조직법률 제정의 과제를 부여하였다. 이에 따라 「지방의 자유의 발전과 책임에 관한 2004년 8월 13일 법률」[28]이 제정되어 권한배분의 새로운 국면을 맞이하게 되었다. 지방자치단체 간 권한의 배분에서 후술하겠지만, 1980년대의 권한배분 내용에 대한 보완 작업이 이루어졌다.

지방분권의 흐름은 새로운 경제, 사회 변화의 환경에 따라 지방행정 체제의 개편과 지방행정의 경쟁력과 현대화라는 다소 현실적인 요청 앞에 변신을 요구받게 되었다. 그 모습은 2008년 이후 본격적으로 추진되어 온 지방개혁 프로그램과 발라뒤르 전 총리를 위원장으로 하는 지방개혁위원회의 보고서와 뒤이은 2010년의 지방자치단체 개혁에 관한 법률[29]로 구체화되었다(아래 〈표 1〉 참조).

28 | La loi du 13 août 2004 relative aux libertés et responsabilités locales
29 | La loi du 16 décembre 2010 de réforme des collectivités territoriales

표 1 | 2003 ~ 2010년의 지방분권 개혁

	날짜	특징	내용
지방분권 개혁 제2막 (Act II)	2003. 3. 28.	지방분권을 위한 헌법 개정	국가조직의 지방분권적 성격과 보충성 원리 인정, 자치입법권 강화, 결정형 주민투표제 도입, 재정자주권 보장
	2003. 8. 2.	- 지방주민투표에 관한 법률 - 실험에 관한 법률	- 의결적(구속형) 주민투표제 - 지방자치단체의 실험법 참여
	2004. 8. 13.	지방의 자유와 책임에 관한 법률	- 사회부조와 직업교육, 항구, 공항 관리의 새로운 권한이양 - 유로연합 구조기금 등 다양한 분야에서의 실험(시험)
	2008. 7. 23.	제도의 현대화를 위한 헌법 개정	- 해외지방자치단체(구 식민지)의 조직과 권한(일부)에 관한 특권 규정 - 지역어(la langue régionale)에 대한 인정
	2009. 3. 5.	발라뒤르 보고서 (Raport Balldur)	2008년 사르코지(Sarkozy) 대통령 기조연설 이후 지방행정제도 전반에 걸친 제도개혁 위원회의 최종 보고서(20가지 제안)
	2010. 12. 16.	지방자치단체 개혁에 관한 법률	- 꼬뮌협력체의 직접선거(꼬뮌의회[le conseil municipal]를 2014년 3월에 실시) - 지방의원(le Conseiller territoriale): 데파트망 의회와 레지옹 의회의 통합선거(2014년) - 따라서 2010년 3월 레지옹 의회 선거의 경우, 임기 6년에서 4년, 2011년 데파트망 의회(le Conseil général)는 임기 3년으로 조정 - 꼬뮌협력체 영조물법인 메트로폴(la métropole) 설치 - 꼬뮌 합병 절차를 통한 신꼬뮌 - 일반권한조항은 꼬뮌에 대해서만 인정하고, 데파트망과 레지옹은 삭제

| 제 2 장 |

보충성원칙과 권한배분

제1절 | 보충성원칙의 의의

프랑스에서는 지난 2003년 헌법 개정을 통해 지방분권의 근본적인 변화가 있었고, 전기한 개정 내용 중 특히 우리의 주목을 받는 보충성원칙은 국가와 지방자치단체 간의 조직원리라는 점에서 의미가 있다. 그러면 무엇이 보충성인가 하는 점이 궁금해진다. 보충성(la subsidiarité)은 더 큰 단위가 이를 구성하는 더 작은 단위에서 수행할 수 없거나 또는 수행하기 적합하지 않은 기능만을 담당하는 것을 의미한다. 보충성원칙은 처음에는 가톨릭교회의 조직을 위한 카논법 원칙에서 점차적으로 시민사회와 국가 간의 관계에서도 적용되는 인간공동체의 조직 원리로서 확장되어 발전되어 왔음을 추측해 볼 수 있다.

1. 보충성에 대한 개념

프랑스 지방분권법에서 보충성원칙이 본격적으로 관심을 받기 시작한 것은 지방분권 제1막에 해당하는 1982년과 1983년에 제정된 법률에서 권한배분에 관한 원칙으로 등장하면서이다. 물론 당시에는 지금과 같은 주목을 받지 못하였지만,[1] 지방분권 제2막이 시작된 2002년 이후 라파랭(Raffarin) 전 총리의 지방분권정책 추진 과정에서 정부 보고서나 연구논문 및 (총리) 연설을 통해 새로운 각광을 받기 시작했다.

1) 어원상의 접근

보충성이란 용어는 다양하게 사용된다고 할 수 있다. 따라서 보충성의 의미를 어원적으로 접근하는 것은 이러한 용어 사용이 가지는 애매함과 오해를 불식시키기 위해서 매우 중요하다. 보충성은 라틴어 숩시디움(*Subsidium*)에서 비롯한다. 라틴어 '*Subsidium*'은 여러 의미로 사용된다. 우선 군사상의 예비병력 혹은 보충대(補充隊, la troupe de réseve)란 뜻을 가진다. 하지만 이러한 군사적 의미는 공법에 나오는 보충성과는 거리가 있고 직접적으로 그 개념을 이해하는 데는 별다른 도움이 되지 않는다. 또한 보충성은 '*subsidio miterre*(증원군을 보낸다)'의 의미로 사용되었고 지지나 원조 내지는 보조한다는 뜻으로 사용되기도 하였다. 생각건대, 아마도 이러한 마지막 용례가 행정조직법상의 하위공동체와 상위공동체 간의 관계를 설명하는 의미로 유용하다고 할 수 있다. 다시 말해, 현재의 보충성은 사회공동체 속에서의 관계를 용이하게 하기 위한 공동체 간의 원조라는 뜻으로 변용되기 시작했다고 이해할 수 있을 것이다. 그런데 이러한 라틴어상의 원조 내지 지원을 의미하는 보충성 개념을 두 가지 관점에서 다시 생각해 볼 수 있다. 하

1 | 파리1대학의 Pontier 교수가 1986년 「행정법상 보충성(la subsidarité en Droit administratif)」이라는 제목의 논문을 RDP(1986, pp. 1515-1537)로 발표한 바 있으나, 2003년 지방분권과 관련한 헌법 개정 전에는 프랑스에서도 이렇다 할 연구논문은 별로 없다고 할 수 있다.

나는 차선(la secondarité)이라는 관점이고 다른 하나는 보충 내지는 보완(la suppletivité)의 관점이다. 앞의 것보다는 뒤의 것이 보충성원칙을 이해하는 데 더 의미가 있는 것으로 생각된다.

2) 인간공동체의 조직 구성과 보충성

비교적 발달하지 못한 공동체의 인간조직에서는 보충성 개념을 찾아보기는 어렵다. 부족(la tribu) 형태의 인간조직(물론 권력의 조직이라는 점에서 보충성원칙과 반대된다)이나 작은 섬과 같은 초미니국가처럼 그 규모가 매우 작은 인간 공동체에서 보충성을 논하기에는 어려움이 있다. 복합적인 인간 공동체 조직을 전제로 하는 경우에 논의의 대상이 될 보충성원칙의 개념을 이해함에 있어 국가와는 구별되는 다른 조직체들 사이를 규정하는 원칙이라는 점과 또한 보충성원칙은 이들 서로 구별되는 공동체조직에 있어서 공동체의 권한 행사에 대한 적용의 우선에 관한 것이라는 점을 고려해야 할 것이다.

2. 보충성원칙의 등장

프랑스 지방분권법에서 논의되는 보충성원칙은 원래 교회법인 카논법(droit canonique)상의 원칙에서 유래한다. 많은 문헌에서 현재의 보충성원칙의 의미를 1931년에 교황 비오 11세(Pie XI)의 회칙[2]에서 찾고 있다.

2 | 교황 레오 13세의 '노동헌장 –새로운 사태(*Rerum Novarum*)–' 40주년을 기념하기 위해 발표된

1) 연혁

보충성원칙은 가톨릭교회법인 카논법에서 나왔지만 프랑스 행정법에 큰 어려움 없이 편입되었다고 한다. 중세 유럽을 지배해 온 교회체제를 기록한 카논법의 유산이 프랑스 행정법에 상당 부분 계수되었기 때문이다.[3] 앞에서 본 바와 같이, 비오 11세의 40년 회칙(Quadragesimo Anno, 1931)을 통해 보충성원칙은 처음으로 명시화되었고, 이후 가톨릭교회의 지도자들이 이를 재차 확인하였다.[4] 보충성원칙을 가장 넓은 의미로 이해하는 표현을 보면 "공권력과 시민, 가족, 그리고 중개체(l'intermédiaire)는 보충성원칙에 의해 정해지고 균형을 유지해야 한다."[5]라고 한다.

보충성원칙은 사회공동체의 조직 구성과 관련될 수 있다. 이러한 논리를 연장시킨다면 보충성원칙을 가톨릭교회에서 교황청과 교구교회 간에 적용

것으로, 중요한 부분을 인용하면 다음과 같다.
"사회철학의 지극히 중대한 원칙을 변경하거나 박탈할 수는 없다. 개인의 창의와 고유한 방법으로 완수될 것을 개인에게서 빼앗아 사회에 맡길 수 없다는 것은 확고부동한 사회철학의 근본원칙이다. 역시 마찬가지로 한층 더 작은 하위조직체가 수행할 수 있는 기능과 역할을 더 큰 상위의 집단으로 옮기는 것은 불의이고 중대한 해악이며 올바른 질서를 교란하는 것이다. 사회 분야의 개입의 본질적 대상은 사회구성체의 구성원들을 돕는 것이며 그 성원을 파괴하거나 흡수하는 것이 아니다." (*Quadragestimo Anno*, *Actae apostolicae Sedis*, XXIII, 1931, p. 203, §126~127 [H. Denis-Bertin, Les techniques de répartition des compétences des collectivités territoriales en France et en Italie, Aix-Marseille III 대학교 DEA 제출 논문, 2000, p. 106.])

3 | 프랑스 행정법의 카논법적 기원에 대해서는 J.-L. Mestre의 『Introduction historique du droit administratif français』(PUF, Paris, 1985)를 참고하기 바란다.

4 | 예로서 다음을 들 수 있다. 1961년 5월 15일 교황 요한 23세 회칙, *Mater et Magistra*(어머니요 하늘), A. A. A., LIII, 1961, p. 401 ets.; 1963년 4월 11일 교황 요한 23세 회칙, *Pacem in Terris*(지상의 평화), A. A. S., LV, 1963.

5 | http://www.cbck.or.kr/pds/vatican/pope/JOHN23/pacem/pacem_index.html, 앞의 Pacem in Terris, §140: 각 정치공동체의 공권력은 개인, 가정, 중간단체의 관계에서처럼 보충성원칙에 의해 통제되어야 한다. 즉, 이 원리에 따라 각 정치공동체들과 국제 공동체의 공권력의 관계들이 통제되어야 한다.

하는 것이 가능하고 이는 시민사회와 국가 사이에서의 긴밀한 관련성과 연계할 수 있다고 본다. 따라서 보충성원칙의 의미로 두 가지를 생각해 볼 수 있다.

먼저, 보충성원칙은 "개개인의 자율성을 속박하는 위험을 가진 사회조직(공동)체에 대하여 개인의 자율성(자치)의 보호를 위해 주어진 모든 것"[6]이라고 볼 수 있다. 다시 말해, 보충성원칙은 하나의 공동체와 다른 공동체 또는 전체 공동체와의 관계나 하위(열위) 공동체와 상위(우위) 공동체와의 관계에 대해서도 그 역할을 가진다.

다음으로, 보충성원칙이 '나머지를 채우는' 기능을 가진다고 본다면 상위 공동체나 조직의 개입의 제한을 생각해 볼 수 있다. 하지만 보충성을 이러한 의미로 한정시킬 필요는 없다고 본다. 왜냐하면, 보충성원칙의 다른 중요한 의미는 '보충성'을 이유로 지방자치단체에 대한 국가의 개입을 저지하거나 억제하기 위한 논리로 제공되는 것에 주의해야 한다는 점이 포인트이기 때문이다. 따라서 보충성원칙은 일차적으로는 보완 내지는 추가적인 의미로 이해되어야겠지만, 최종적으로는 전체 공동체의 통일성과 상반되는 것이 아니라는 점이 강조되어야 한다.[7] 이러한 주장은 보충성원칙이 구성체의 개개인의 자유의 존중을 전제로 하는 것이라고 본다면 지방자치단체 및 국가의 기능이 특정화되고 고정된 개념이 아니라는 점과 권한배분에 있어 전문성원칙에 의거한 블록화에 반대하는 입장과 같은 맥락을 가진다고 할 수 있다.

6 | J.-B. d´Honorio, Le système institutionnel du Saint-Siège, Thèse droit, Aix-Marseille III, 1981, p. 265.

7 | J.-M. Pontier, La subsidiarité en Droit administratif, RDP, 1986, pp. 1520-1521.

2) 보충성과 통일성

언급한 보충성과 통일성(l′unité) 사이의 이중성에 대한 논의는 주로 신학 분야에서 주장되었다. 뤼박(lubac) 추기경은 “보충성원칙은 교회의 통일성에 해를 가져오는 한 어떤 식으로도 추진될 수 없다. 그러나 잊지 말아야 할 것은 보충성원칙은 양면성을 가지고 있으며 보충성원칙에 따른 의무를 공동체 스스로 자신의 입장에서 결정할 수 있는 경우에 그 권리를 주장하는 데 이러한 보충성원칙을 사용해서는 안 된다.”라고 기술하고 있다(H. de Lubac, 114). 이러한 고찰은 가톨릭교회와 다른 조직에 있어서도 적용이 가능한데, 시민사회 속의 보충성의 의미에 대한 재고와 함께 국가에 인정된 기능과 관련해서도 사용될 수 있다. “국가는 원조와 구조 활동을 수행한다. 분명한 것은 이러한 점에 대해 국가 스스로 부차적인 현실로 인정한다는 점이다. 마치 절실한 필요가 없다고 가정하면서도 저축을 하는 것처럼 보충성원칙은 국가와 다른 여타 사회공동체 간의 관계에 관한 것이지 국가 자체의 본질에 관한 것이 아니다.”[8] 그런 점에서 본다면, 프랑스 공법상 인정되는 보충성원칙의 의미는 동 원칙이 적용되는 공동체 간의 역할의 배분에 있어 하위 공동체가 부차적이거나 상위 공동체의 역할에 의해 임의로 대체될 수 있는 존재가 아님을 인정하는 것으로 이해할 수 있다.

8 | J.-Y. Calez · J. Perrin, Eglise et Société économique, Aubier, 1959, p. 114.

제2절 | 법률상 권한배분 방식에서 국가조직에 관한 헌법적 가치로

행정조직상의 보충성원칙은 지방분권과 관련해 종래의 전통적 권한배분 원칙을 교정하는 장점을 가진다고 소개되고 있다. 1982년 권한배분법상의 묵시적인 원칙으로 이해되었던 보충성원칙[9]은 2003년 헌법 개정을 통해 국가의 조직에 관한 기본적 원칙으로 승격되었다. 국가와 지방자치단체의 권한배분에 관한 교정원칙이 가지는 현실적 의의는 전통적인 전문성원칙과 일반권한조항 방식의 부족한 점을 교정하는 기능을 가지는 데 있다고 볼 수 있다.

1. 권한배분의 교정원칙

1) 권한배분에 관한 두 방식의 병존

권한배분에 관한 전문성원칙과 일반권한조항 방식은 서로 장 · 단점이 교

9 | J.-M. Pontier, Les principes de la répartition des compétences, in Les nouvelles compétences locales, Economica, 1985, p. 7.

차한다고 할 수 있다. 전문성원칙에 기초하여 각 지방자치단체별로 가지는 권한을 열기하는 방식은 1983년 권한배분법에서 "권한블록(le bloc de compétence)"을 통해 나타났다. Pontier 교수는 이와 같이 블록을 통한 권한배분이라는 것은 실현불가능하다고 지적한다.[10] 하지만 권한배분에 관한 1983년 1월 7일 법률은 각 자치단체의 규모를 고려하여 그 기능을 잘 효율적으로 수행할 수 있는 자치단체에 적합한 권한을 배분하도록 하고 각급 지방자치단체에 각각의 활동 영역에서 총괄적인 권한을 갖도록 하는 이른바 총괄적 권한배분 방식을 선택하고 있다. 예를 들면, 중 · 고교 학생들의 통학버스 운송 사무나 교육시설의 설비나 운영에 관한 사무의 경우, 중학교(le collège)에 대해서는 데파트망이 권한을 가지고, 고등학교(le lycée)는 레지옹이 권한을 행사한다.

따라서 이러한 1983년 1월 7일 법률 제3조에 대해 일반권한조항의 폐기라고 보는 입장과 지방자치단체의 자유로운 행정의 헌법적 보장에서 주어진 것으로 결코 입법에 의해 폐기될 수 없는 것이라고 해석하는 입장이 있다(J. Bourdon · J.-M. Pontier · J.-C. Ricci, 107). 총괄적 권한이양 방식은 재정적 이전을 전제로 이루어져야 하나 통제권을 수반하지 않는 재정의 이전은 현실상 매우 어렵고, 국가 또한 이를 원하지도 않고 있어서, 언급한 바와 같이 Pontier 교수의 "비현실적이기 때문에 성취하기 어렵다."라는 주장도 설득력을 가진다.

10 | J.-M. Pontier, Une décenie de décentralisation vue par le Conseil d´Etat, Revue administrative, 1994, p. 505.

2) 보충성원칙의 채택

프랑스에서 보충성원칙이 법률규정에 명시적으로 규정된 적은 없다. 따라서 프랑스 법률가들이 적어도 행정의 조직원칙으로서 보충성원칙을 주장하는 경우에는 상이한 기원의 개념 및 국가 내부에 존재하고 있는 여러 자치조직들의 권한배분의 개념으로서 이해되었다. 그리고 보충성원칙은 먼저 국제적 차원, 구체적으로는 유럽공동체 차원에서 적용된다. 프랑스 지방분권의 청사진을 제시한 기샤르(Guichard) 보고서(1976년, 『Vivre ensemble』)는 권한배분의 재검토의 진행을 위해 보충성원칙에 따른 방법을 권고하고 있다.

보충성원칙은 1982년 지방분권법 제정을 위한 1981년과 1982년의 의회 보고서에서도 언급이 되었다. 마찬가지로 보충성원칙은 단일한 국가행정의 내부에서 산재한 외곽행정청 간의 사무 배분을 내용으로 하는[11] 프랑스(공화국) 지방조직(Administration territoriale de la République)에 관한 지침법(1992년)의 개혁조치의 일환으로서 사용되고 있다. 비록 1992년 2월 6일 법률에서 보충성원칙이 규정되었다고 볼 수는 없지만, 전자를 실행하기 위한 데크레(1992년 7월 1일)가 지방 분산을 내용으로 하면서도 중앙권한으로부터 나온 사무와 ATR 법률 이래로 (종전에는 외곽사무라 불린) 분산화된 사무의 구분선을 제시했다는 점에서 의미를 가진다.

11 | Projet de loi d´orientation relatif à l´organisation territoriale de la République, Doc. Ass. nat. n°1581. 이 법률안은 지방분권(la décentralisation)과 구별되는 지방분산(la déconcentration)에 관한 것이다. 전자는 의사결정권 주체의 변화를 의미하는 데 비해 후자는 그렇지 아니하다.

위 데크레 제1조 제1항은 "중앙행정기관, 국가사무를 담당하는 행정기관과 지방의 분산화된 행정기관 간의 업무(les missions)의 배분에 관하여는 이 데크레에서 규정한 원칙에 따라 정한다."라고 하고, 제2항에서 "중앙행정기관과 국가에 속하게 되는 임무는 국가적 성격을 가지는, 법률이 정하는, 지역 차원에서는 그 집행을 위임할 수 없는 경우에만 해당한다."라고 하고 있다. 이를 보충성원칙의 적용이라는 일부의 평가도 있으나,[12] 동 데크레를 보충성원칙으로 보기에는 오류가 있다고 보인다. 왜냐하면, 보충성원칙은 하나의 공법인 내부에서는 적용될 수 없기 때문이다. 만일 그렇게 해석한다면 이는 보충성원칙의 남용이라고 할 수 있다. 보충성원칙과 분명히 구별해야 하는 것이 행정상 내부 지침에 관한 규정들인데, 특히나 공권력 주체들 사이의 법상 (배분된) 권한(les attributions)의 배분원칙을 지도하는 행정분산(la déconcentration)의 경우에 있어서 보충성원칙을 적용하는 것은 분명히 오류가 있어 보인다.

하지만 보충성원칙에 대한 실질적인 비난의 내용으로서 동 원칙이 너무 구체적이지 못하다는 점이 지적된다. 보충성은 유동적 개념으로서 보충성 그 자체로서 법적 효과의 발생은 매우 어렵다고 볼 수 있다. 마디오(Y. Madiot) 교수는 「국가와 지방자치단체(꼬뮌 · 데파트망 · 레지옹) 간 권한배분에 관한 1983년 1월 7일 법률」 제3조는 보충성원칙을 규정한 것이 아니고 보충성원칙은 권한의 '골칫거리(le trouble)'의 분배에 관한 시스템에 적용될 수 없다고 볼 수 없다고 지적했지만,[13] 보충성원칙은 "비록 동 원칙이 아직은

12 | J.-M. de Forge, "La subsidiarité et le droit public", in Le principe de subsidiairité, De théorie et la pratique, Téqui 1993.

13 | Y. Madiot, Sur quelques problèmes actuels de la décentralisation, RFDA, 1996, p. 968.

직접적 효력을 갖는다고 보기는 어렵다고 하더라도 보충성은 이제 공동체법을 통해 프랑스 법체계의 일부가 되었다."라는 알랭 델캉(Alain Delcamps) 교수의 견해[14]처럼 현재는 프랑스에서 국가와 지방자치단체 간의 권한배분에도 명시적으로 인정될 수 있는 법원칙으로 승격되었다고 할 수 있다.

2. 프랑스 헌법 제72조 제2항에 나타난 보충성원칙

보충성원칙이 2003년의 헌법 개정 과정에서 항상 나타나는 것은 아니다. 하지만 동 원칙을 헌법률(la loi constitutionnelle) 개정안 이유서에서 명시적으로 언급하고 있는 점과 이미 1982년의 지방분권법에서 보충성원칙을 확인하고 있는 점에서 그동안 법률 차원에서 이미 확인되었던 보충성원칙을 헌법에서 승인한 것으로 보아도 무리는 아니라 본다.

1) '권한의 실행 과정'의 의미

프랑스 개정헌법 제72조 제2항[15]은 문언상 문제는 없으나 일정 부분 애매한 부분도 포함되어 있다. 제기된 의문 중 하나는 왜 헌법 조항은 더 직접적

14 | A. Delcamps, Droit constitutionnel et droit administratif. Principe de subsidiarité et décentralisation, RFDC, 1995, p. 617.

15 | "지방자치단체는 지방(자치단체) 차원에서 최대한 실행할 수 있는 권한 전반에 관한 결정권(vocation à prendre)을 가진다(les collectivités territoriales ont vocation à prendre les décisions pour l´ensemble des compétences qui peuvent le mieux être mise en oeuvre à leur échelon)."

으로 보충성원칙을 규정하고 있지 않는가 하는 점인데, 그럼에도 불구하고 대부분의 견해는 개정 헌법 제72조 제2항이 보충성원칙을 규정하고 있다는 데 동의하고 있다.

아마도 그 해답은 헌법개정권자들의 논의에서도 언급된 것처럼 동 원칙의 개념은 구체화하기에는 매우 다양하다는 데 있다. 이는 헌법규정이 좀 더 명료하지 않을 수밖에 없는 이유이기도 하다. 법문에 자격, 적성, 사명을 뜻하는 'la vocation'이라는 단어가 처음 등장한 것은 아니고, 이미 입법자들이 지방자치단체와 관련해서 다른 법령에서 이를 사용하고 있다. 자연인에 대한 'la vocation(취향, 자질, 적성, 사명)'의 의미가 법인의 경우에 대해서도 동일하다고 보기는 어렵다. 또한 'vocation'이란 단어에 중점을 두고 보충성원칙을 찾아볼 이유를 설명하기도 어렵다. 그래서 오히려 그보다는 수식어인 "지방(자치단체) 차원에서 최대한 실행할 수 있는"이란 표현에 주목해야 할 것으로 보인다. Pontier 교수는 다만 '최대한(le miux) 실행'의 대상은 모든 권한(les compétences)이 아니라는 점을 지적한다. '최대한'이란 말은 가치의 판단에 관한 것이지 '좋은 관리(bonne gestion)'가 아니라는 점은 '헌법 제72조 제2항이 과연 실체상의 권한배분의 보충성을 규정하고 있는 것인가?'라는 의문을 던져 주고 있다.

2) 고려할 목표

프랑스 지방분권을 위한 헌법 개정과 관련해서 보충성원칙을 천명한 제72조 제2항의 지침이 있는가에 대해서는 별다른 의문이 제기되고 있지 않다. 하지만 어떤 개혁이든 간에 사전에 그 추구할 목표들이 분명하지 않다면 명시적으로 형식화된 목표는 물론이고 근저에 숨어 있는 목표들을 고려할 필요조차 없다는 점은 자명하다.

2003년 프랑스 헌법개정의 제1차 목표는 '지방분권'인데 이미 Raffarin 총리에 의해 수차례 언급되었고 또한 헌법 개정을 통해 첫 번째 목표에 대한 확신은 달성된 것으로 보인다. 다만 지방분권이라는 요청이 프랑스에만 국한된 것은 아니고 프랑스가 비록 집권화된(centralisé) 행정국가로 분류되고 있으나, 지방분권의 처녀지도 아니라는 점에서 이러한 목표가 달성되었다는 점에 만족해야 하는 것은 아닌 것 같다.

다음으로 궁금한 점은 지방분권 추진 세력이 추구하려 했던 목표 중 정책의 효율성에 대한 것이다. 효율성이라는 점 역시 매우 넓은 개념이다. 헌법개정의 주도자들도 이 부분에 있어 당연히 민감할 수밖에 없지만, 공권력 작용에 있어 최고의 효율성을 분권화를 통해 달성할 수 있는가에 대해서는 어느 누구도 의문의 여지 없는 답을 제공할 수 없다. 자유는 항상 대가를 치른다. 자유는 어떤 가치를 지불하더라도 수용해 온 프랑스이지만, 그동안 지방자치단체를 위한 별다른 주장은 내보이지 않고 국가에 신뢰를 더 보내 왔다. Pontier 교수는 "보충성원칙은 사회공동체의 선으로부터 나왔고, 익명의 거대한 조직보다는 시민들에게 더 가까이 있는 단체에 맡겨 주었을 경우에 최고로 구현된다는 직관 내지는 가정에서 나오는 것"이라고 설명한다.

지방자치단체의 자유로운 행정에 관한 개정 프랑스 헌법 제72조 제2항은 제1조의 지방분권원칙에 이어 국가와 지방자치단체 간의 실체적 권한배분에 관한 보충성원칙을 명시적으로 제시하고 있다고 볼 수 있다. 하지만 실제로 보충성원칙이 지방의 권한에 대한 실체적 범위를 제시한 것이라고는 보기 어렵다. 더구나 보충성원칙이 지방의 공익에 관한 지방자치단체가 행사하는 일반적 권능(l´aptitude)의 무제한성을 인정했다고는 보기는 더욱 어렵다.

브리송(J.-F. Brisson) 교수는 지방분권론에서의 보충성원칙의 헌법적 수용은 적어도 국가 스스로 전부를 흡수하는 행정기능을 수행한다고 할 수 없는 것과 적어도 보충성 이념 그 자체로서 사전에 지방자치단체에게 행정 기능을 일반적으로 수행하게끔 하는 데 있다고 보인다고 평가한다.[16] 이러한 입장은 국가와 지방자치단체의 권한배분에 관한 전통 원칙인 계층에 따른 권한의 전문성원칙인 동시에, 유사한 권한 전체의 전문성을 전제로 한 것이라고 보는 점에서 1983년 지방분권법에서 이미 권한배분에 관한 일반권한조항의 명시적 인정을 주장하는 Pontier 교수의 입장과는 시각의 차이가 있다고 할 것이다.

16 | J.-F. Brisson, Les nouvelles clefs constitutionnelles de répartition matérielle des compétences entre l´Etat et les collectivités locales, AJDA, 24 mars 2003, p. 531.

제3절 | 권한배분의 기준과 실제 모습

1. 국가와 지방자치단체의 권한배분에 관한 전통적 원칙

앞에서 잠시 언급한 바와 같이, 지방분권은 중앙과 지방, 즉 국가와 지방자치단체, 그리고 지방자치단체 간의 권한배분을 말한다. 그리고 이러한 권한배분에 방식에 있어 전문성원칙(la spécialité)과 일반권한조항(la clause générale de compétence) 방식이 있음을 말한 바 있다. 프랑스에서 제도상으로 정착된 것은 각급 지방자치단체에게 부여된 사항을 나열하는 목록을 결정하는 것이고 이러한 목록은 구체적 규정을 통해 보충된다. 다른 방법 역시 프랑스 실정법에서 인정되고 있는데, 일정한 일반적 기준을 설정하고 그로부터 각급 지방자치단체에 속한 서로 다른 사항이 추론되게 된다.

1) 전문성원칙

지방자치단체의 권한 사항에 대한 열기는 명시적으로 표현되는데, 전문성원칙이 각급 지방자치단체의 권한을 열거한다는 점에 있다고는 하나 권한 사항 모두를 규정한다는 것은 불가능하다.

전문성 원칙은 1983년 지방자치단체에 관한 권한배분법의 경우 '권한블록'을 통한 배분으로 나타났다. 이에 따르면, 권한블록을 통한 배분은 한 지방자치단체에 부여된 권한의 카테고리에 속한 사무는 이들에게는 독점적이며 유일하다고 할 수 있다. 하지만 권한블록에 속하지 않거나 명시적으로 부여받지 못한 사항에 대한 개입의 가능성은 불가능하다. Pontier 교수는 "권한블록은 일정한 사무, 분야나 사항에 관한 각급 지방자치단체의 범주를 보장할 수도 있겠지만, 동시에 전기한 것들에 대해 지방자치단체를 속박하고 있다."라고 지적한다.[17]

2) 일반권한조항 방식

프랑스에서 국가와 지방자치단체 간의 권한의 배분에 관한 법률규정의 기법의 존재는 지방공동체에 고유한 이익(지방이익)과 관련된다. 지방자치단체가 갖는 일반권한조항의 법문상의 등장은 1884년 4월 5일 법률 제61조에서 찾을 수 있다. 이전에는 꼬뮌(la commune)이 수행하는 기능을 정한 1789년 12월 4일 법률에서 열기적 방식(la technique énumérative)을 취하고 있었다.

1884년 법률 제61조는 "지방의회(꼬뮌의 경우, le conseil municipal)는 꼬뮌의 사무에 대해 의회의 의결로 정한다."라고 하고 있다. 꼬뮌에 관한 1884년 법에 비해 다른 지방자치단체(데파트망, le département)에 관한 1871년 8월 10일 법률에서는 이전과 같이 데파트망 의회(le conseil général)가 최종적으로 정하거나 단순히 의결만 하는 사항을 길게 나열하고 있을 뿐이었다

17 | J.-M. Pontier, *Semper Manet*. Sur une clause générale de compétence, RDP, 1984, p. 1448.

(J. Bouron · J.-M. Pontier · J.-C. Ricci, 24-28).

일반권한조항은 1982년 3월 2일 지방분권법률에서 명시적으로 확인되고 있는데, 지방자치법(CGCT) 법률조항 제1111-2조 1항은 "꼬뮌, 데파트망, 레지옹은 권한에 속한 사무에 대해 의결을 통해 정한다."라고 규정하고 있다. 총칙편의 이 규정은 다시 꼬뮌의 경우 법률조항 제2121-9조, 데파트망은 법률조항 제3211-1조, 그리고 레지옹은 법률조항 제4221-1조에서 다시 규정하고 있다. 하지만 1983년 권한배분에 관한 법률 속에서는 앞에서 설명한 권한블록을 통한 입법상의 열기주의가 인정되었다는 주장이 제기되고 있다.[18] 샤퓌자(L.-J. Chapuisat) 교수와 마디오(Y. Madiot) 교수가 지적하는 것처럼 지방이익 개념은 너무 추상적이고 구체적이지 못하며 (행정)법원의 판결에서도 이를 인정하고 있는 바도 아니라는 비판을 하고 있다.[19]

2. 지방자치단체 간 권한배분의 실제

1) 1980년대 지방분권법 이후의 현실화된 권한이양

1982년과 1983년의 지방분권 관련 법률이 제정되고 국가의 지방자치단체

18 | J. Chapuisat, La répartition des compétences. Commentaire de la loi n°83-8 du 7 janvier 1983 relative à la répartition des compétences entre les communes, les départements, les régions et l´Etat, AJDA, 1983, p. 81.

19 | L.-J. Chapuisat, Les affaires communales, AJDA, 1976, p. 471; Y. Madiot, Sur quelques problèmes actuels de la décentralisation, RFDA, 1996, p. 964.

에 대한 권한의 이양과 함께 국가와 각 지방자치단체 간의 권한의 배분에 관한 새로운 체계가 진행되었다. 권한배분에 관한 프랑스 정부의 선택은 계층별 전문화 방식, 다시 말해, 앞에서 논의했던 권한블록 방식에 가까운 권한배분을 진행하였다. 특히 1983년 7월 22일 법률은 개별 영역에서의 각 계층별 지방자치단체의 권한배분에 관한 각자의 몫을 법제화 하였는데, 예를 들면 항만과 수로 분야에서는 레지옹은 운하나 내항 건설 및 내항과 항로의 계획과 정비에 관한 권한을 가진 반면, 데파트망은 국가가 담당하는 무역항(자유무역항, 국익과 관계된 항만이나 군항) 이외의 항구에 대한 권한을 가지고, 꼬뮌은 휴양지 항구에서의 권한을 행사할 수 있게 되었다(배준구, 160). 아래에서는 각 지방자치단체별로 이양되거나 배분된 분야별 권한에 대해 개략적으로 소개하기로 한다.[20]

(1) 꼬뮌

1980년대의 지방분권에 관한 법률을 통해 꼬뮌은 도시계획 수립에 있어 우선적 권한을 가지게 되었다. 도시기본계획의 수립과 토지이용계획(POS) 수립 후 토지이용계획에 대한 허가권을 가지게 되었다. 즉, 도시건축유산의 보호와 환경에 관한 권한을 꼬뮌이 행사할 수 있게 되었다. 또한 꼬뮌은 비록 데파트망이나 레지옹에 비해 더 많은 제약을 받기는 하지만 경제개발 촉진을 위한 개입권한을 행사할 수 있게 되었다. 또한 꼬뮌은 휴양에 관련된 항구에 관한 권한을 행사할 수 있게 되었다.

20 | 이하 부분은 J.-B. Auby · J.-F. Auby · R. Noguellou의 『Droits des collectivités locales』(PUF, 5e édition mise à jour, 2009, pp. 224-228)의 내용을 중심으로 소개하였다.

(2) 데파트망

데파트망은 사회보장 정책의 운영과, 농촌에 관한 개발과 특히 사회연대적(l'aide sociale) 업무에 관한 권한을 담당하게 되었다. 따라서 최저통합소득(RMI) 수혜자에 대한 지원 업무와 보건위생과 사회보장 사무의 일반책임을 담당하게 되었다. 교육 분야에 있어 중학교에 해당하는 꼴레주(le collège)의 시설 관리와 통학 교통 운영 권한을 부여받았다. 문화 분야에서는 데파트망 설립 도서관과 박물관의 건설과 유지에 관한 권한을 행사할 수 있게 되었다. 데파트망에 부여된 중요한 권한으로서 산불 방지와 구조에 관한 일반적 권한을 들 수 있다.

(3) 레지옹

레지옹은 기본적으로 경제 · 사회 · 문화에 관한 계획과 개발 분야에서의 광범위한 권한을 행사할 수 있게 되었다. 특히 국가-레지옹 간의 계획계약 수립 권한과 레지옹 차원의 경제개발에 관한 개입 가능성을 인정받았다. 레지옹은 직업 및 평생교육(des actions de formation professionelle continue)과 직업훈련에 관한 사무를 담당하게 되었다. 또한 레지옹은 지역 차원의 문화정책을 수립할 권한을 부여받았다. 경제적 관점에서도 중요할 수 있는 레지옹 차원의 철도 운영에 대한 책임을 이양받은 점도 특기할 수 있다.

2) 2004년 8월 13일 법률 이후의 권한배분

(1) 권한배분의 새로운 모습

이른바 지방의 책임에 관한 법률로 불리는 2004년 분권법의 내용은 1983년

분권법상의 권한배분에 비해 일관성이 부족하다고 평가될 수 있으나, 후자의 권한배분 상황과는 차이가 있다. 이러한 변화는 2003년 개정 헌법과 동년 8월 1일 제정된 조직법률이 규정한 실험법(le droit d'expérimentation)의 개념을 포함하고 있다. 그리고 2004년 분권법에 의한 권한이양은 실행 과정에 있어 종전보다 덜 획일적(uniforme)이다. 그 이유를 찾는다면, 2004년 분권법의 경우 이양을 받는 지방자치단체에 대해 선택권을 부여하고 있고, 일정한 권한이양의 경우 각 유형의 자치단체 간의 경합을 인정하고 있기 때문이다.

문제는 어느 지방자치단체도 권한이양에 대해 내켜하지 않는 경우에 어떻게 권한이양의 대상 지방자치단체를 선택하는가 하는 점인데, 이와 관련해 꽁세이데타는 국가가 의무적인 권한이양을 하는 경우(사건의 경우, 비행장에 관한 권한이양) 지방자치단체의 선정 과정의 명백한 하자에 대해서만 사법통제가 가능하다고 하고 있다.[21] 각 지방자치단체별로 권한배분(이양된 권한)의 모습은 다음과 같다.

■ 꼬뮌

선택적이긴 하나 꼬뮌에 대해서도 사회보장시설의 분담금과 대학생 기숙사 시설에 대한 관리 권한이 인정되었다. 그리고 초등교육시설의 시험적 설치가 가능하게 되었다.

■ 데파트망

㉮ 2006년 1월 1일부터 도로망의 관리에 관해 각 데파트망 구역 내의 국도

21 | C.E, 19 novembre 2008, Communauté urbaine de Strasbourg, req. n°312095.

전부에 대한 도로 관리권이 데파트망에 이양되었다. 다만 고속도로와 국가적 이익이 있는 경우는 예외로 하였다.[22]

㉯ 사회보장과 사회적 약자를 위한 대파트망의 권한이 대폭 확대되었다. 지방분권을 통해 더 강화된 종전의 최저통합소득(RMI)에서 변경된 실질연대소득(RSA)[23]에 관한 사무를 담당한다.

㉰ 장애인(장애인 보상급부, la prestation de compensaton des personnes handicapées),[24] 노인복지 사무(정보 및 조정지역센터[CLIC]와 퇴직자 및 노인을 위한 데파트망 위원회[CODERPA]의 운영비)를 처리하고 주거를 위한 연대기금(FSL) 외에도 일정한 구호와 보조금 업무에서도 권한이 확대되었다.

㉱ 청소년 사법구조(la protection judiciaire)에 관한 사무에 대해 권한의 이양을 시험적으로(à titre expérimental) 요청할 수 있다.

㉲ 보건 분야의 경우, 데파트망 권한이 다시 국가로 이양되었다. 공공보건에 관한 2004년 8월 9일 법률에 발맞추어, 2004년 8월 13일 법률에서는 2005년 1월 1일부터 1983년 지방분권법에 의해 그동안 데파트망에게 배분되었던 주요 질병관리(예방접종, 암, 성행위를 통해 감염되는 질병관리, 나병, 폐

22 | 2008년 1월 1일자로 국도망 일부의 관리주체가 데파트망으로 이관됨에 따라 향후 국가에 귀속하는 도로 공공재산은 고속도로와 국가적 이익이나 유럽연합의 도로망의 일부를 구성하는 도로로 이루어진다.

23 | la revenue de solidarité active, 실질연대소득의 일반화에 관한 2008년 12월 1일 법률 제2008-1249호가 제정되었다.

24 | 2005년 2월 11일에 제정된 장애인의 권리와 기회 균등 및 참여와 시민생활에 관한 법률에서는 장애인 복지를 위한 중요한 역할을 데파트망의 권한으로 부여하였다. 따라서 2006년부터 데파트망은 새로운 장애인 보상급부 지원 담당 주체가 되었다. 종전 1982년 지방분권법에서부터 지원되었던 제3자 보상금(ACTP: l´allocation compensatrice pour tierce personne)에 이어 새로운 장애인 보상급부(PCH)는 성인 장애인에 대한 각종 인적 지원이나 기술적 지원, 주거나 차량에 요구되는 부담을 지원하는 것을 내용으로 하며, 이를 위해 각 데파트망은 비영리공익단체인 '데파트망 장애인의 집(MDPH: la maison départementale des personnes handicapées)'을 설치해야 한다.

결핵 등)에 대한 권한을 중앙으로 이양하였다.

㉥ 교육 분야에서는 레지옹이 수립하는 특정 계획에 따라 데파트망은 (앞서 레지옹의 경우에서 본 것처럼) 이전의 중학교에 관한 권한을 건물주가 가지는 대신에 시설의 관리나 유지(중학교 현관, 건물의 수선 · 유지), 건물 유지나 기능직 직원과 교원이 아닌 인력(학교 의무실)에 대한 권한을 행사한다.

㉦ 데파트망은 농촌지역의 비보호대상 문화유적 관리를 위한 수입을 관리할 수 있다.

㉧ 항만과 공항의 경우, 데파트망은 국가가 관리 책임을 지는 경우가 아닌 항구나 공항 관리 권한의 이양을 요청할 수 있다.

■ 레지옹[25]

레지옹은 경제개발 분야의 중심역할을 담당하면서, 꼬뮌과 데파트망과 같은 다른 지방자치단체와의 다양한 활동에 대한 조정 기능을 수행한다(지방자치법[CGCT] 법률조항 제1511-1조). 같은 맥락에서 ㉮ 직업교육 분야의 종래의 레지옹의 권한이 좀 더 확대되고 심화되었다(레지옹은 직업교육 개발 계획을 수립해야 하고, 사회보장과 유사의료 직업교육 사무를 처리하

25 | 2004년 분권법은 레지옹에 대해 평생직업교육(la formation professionnelle continue et l´apprentissage) 분야의 역할을 강조하고 권한을 확대하고 있다. 2005년 레지옹에 대한 권한 이양을 보면, ㉠ 사회복지 지원 인력(des travailleurs sociaux)의 훈련 비용과 학교의 의무 관련 인력(des professions paramédicales)이나 산파의 교육 및 훈련 비용, ㉡ 사회복지 지원 기관에 소속된 대학생의 지원, ㉢ Île-de-France 레지옹 교통공사(STIF)의 조직과 운영, ㉣ 고등학교(lycée)의 현관, 건물 수선 · 유지, 숙식의 일반적 및 기술 관리, ㉤ Font-Romeu에 위치한 국립고등학교의 국립 혹은 국제 고등학교의 운영비와 투자비, ㉥ 문화유산(le patrimoine culturel)의 일반투자 비용에 대한 것이 있다.

게 되었다). ㉯ 교육 분야의 경우, 종래 고등학교(la lycèe) 시설에 관한 권한을 가지고 있었지만, 향후 이에 관한 권한은 건물주에게 이관되었고, 고등학교에 관여하는 교사가 아닌 직원과 관리인력에 대한 권한을 가지게 되었다. ㉰ 레지옹은 국익(l'intérêt national)과 관련되거나 국제공항이 아닌 공항, 연안 항구(자치항[自治港, les ports maritimes autonomes]의 경우 제외한다), 운하나 내륙수로 항구에 대한 관리 권한의 이양을 요청할 수 있다. ㉱ 레지옹은 레지옹 사무의 목록에 대한 책임을 부담하며, 선택적으로 보호대상 재산을 위한 수입(les crédits)을 관리할 수 있다.

(2) 지속되는 권한배분 원칙

권한배분에 관한 1980년대의 지방분권 개혁의 기본원칙들은 헌법 개정 후의 새로운 입법 작업 과정에서도 상당 부분 그대로 유지되었다. 지방자치법(CGCT)에 규정된 대표적 조항으로 권한블록원칙 조항(법률조항 제1111-4조) 외에도 지방자치단체 간의 행정상 후견(적 감독)의 금지(지방자치법[CGCT] 법률조항 제1111-3조) 등을 들 수 있다. 그리고 후자는 2003년 개정헌법 제72조 제5항 제1문에서 재차 규정하고 있다. 그 외에도 재원이 수반되는 권한이양 원칙도 2003년 개정헌법 제72-2조 제4항에서 명문화되었다. 프랑스 헌법위원회는 사회통합계획법률(la loi de programmation pour la cohésion sociale) 위헌 심판 결정에서 "입법자는 권한이 이양된 때부터 그 권한을 이양받는 지방자치단체가 지게 될 재정 부담에 상응하는 재원에 관하여 규정해야 한다."라고 이를 확인하고 있다.[26]

26 | Décision n°2004-509 DC du 13 janvier 2005, considérant n°8과 n°9 부분.

표 2 | 국가-지방자치단체의 권한배분[27]

분야 \ 권한주체	레지옹	데파트망	꼬뮌	국가
직업교육, 연수	지역정책 수립과 실행	-	-	국가정책의 수립과 특정공공부문의 실행
교육	고등학교 (시설, 학생수송)	중학교 (시설, 학생수송)	초등학교 (시설)	대학교(시설, 인력, 교육정책)
문화, 사회, 청소년, 스포츠와 레저	· 문화(유적지, 교육, 창의, 도서관, 박물관, 기록물보관소) · 스포츠(보조금) · 관광안내	· 문화(교육, · 창의, 도서관, · 박물관, 기록물보관소) · 스포츠(시설 및 보조금) · 관광안내	· 문화(교육, 창의, 도서관, 박물관, 기록물 보관소), · 영유아(탁아소, 놀이터) · 스포츠(시설 및 보조금) · 관광안내	· 문화(유적지, · 교육, 창의, 도서관, 박물관, 기록물보관소) · 스포츠(시설 및 보조금) · 관광
사회보장, 의료보장	-	조직(PMI, ASE)과 제공(RMI-RMA, APA)	부가적 사회지원 (CCAS)	PIG, OIN, DTA
도시계획	-	-	PLU, SCOUT, 건축허가, ZAC	-
지역개발	지역개발 계획 수립 CPER (계획계약)	지역계획 (의견서, 승인)	지역계획 (의견서, 승인)	ATR 정책 수립 CPER
환경	· 자연보호구역 · 레지옹 공원	· 자연보호구역 · 폐기물(데파트망 계획) · 물(SDAGE 참여)	· 자연보호구역 · 폐기물(수집, 처리) · 물(배급, 하수처리) · 에너지(배급)	· 자연보호구역 · 국립공원 · 물(경찰, SDAGE) · 에너지

27 | Comité pour la réforme des collectiviés locales, Rapport au Président de la République -"Il est temps de décider", 5 mars 2009, p. 31.

권한 주체 / 분야	레지옹	데파트망	꼬뮌	국가
대형 공공시설	· 하천항구 · 비행장	· 바다항구, 상업 및 어업항구 · 비행장	·유람용 항구 ·비행장	· 연안 항구(자치 항구는 제외) · 자치항 · 운하와 내륙 항구 수로 · 비행장
도로	레지옹 계획	데파트망도	꼬뮌도	국도
교통	레지옹 철도 수송	도시외 지역의 교통순환과 학생 수송	도시의 교통과 학생 수송	규제
통신	통신망 관리	통신망 관리	통신망 관리	규제
주거	재정	재정, 공원과 지원(FSL), 주거 계획과 관리청	재정, 공원과 지원, PLH	전국 주거 정책
경제개발	직접, 간접 지원	간접 지원	간접 지원	경제 정책

| 제 3 장 |

지방자치단체의 자유로운 행정의 헌법적 보장

제1절 | 지방자치단체의 자유로운 행정을 위한 기반의 보장

프랑스에서는 지방자치(l'autonomie locale)란 표현보다는 지방자치단체의 자유로운 행정(la libre administration)란 표현을 쓰고 있다. 그리고 프랑스 헌법상 지방자치단체의 '자유로운 행정'이 보장되고 있으며 혹자는 이를 제도적 보장이라는 표현을 사용하기도 한다.[1] 지방자치단체는 헌법에서 규정한 바와 같이 입법자들의 노력에 따라 자유로운 행정을 수행할 수 있다. 헌법 제34조 제4항(의회와 정부 간 관계에 관한 제5장)은 지방자치단체의 자유로운 행정, 권한과 그 재원에 관한 기본원칙을 법률로 정해야 한다고 규정하고 있다. 자유로운 행정에 관한 제12장의 규정을 구체화한 지방자치법(CGCT) 법률조항 제1111-1조도 동일하게 지방자치단체의 자유로운 행정을 선언하고 있다. 따라서 자유로운 행정이 유효하게 존재한다는 것은 지방자치단체에 국가에 대한 최소한의 법적, 재정적 수단에 관한 조치를 할 수 있는 의사결정의 자치가 있다는 것을 의미한다.

1 | 제도적 보장은 국내 문헌에서 이미 많은 연구업적이 있는 지방자치제도의 본문의 보장에 관한 독일공법상의 제도적 보장(Institutionnelle Garantie) 이론과는 상관이 없다. 국내 문헌은 제도이론을 프랑스 공법학의 거두인 Hauriou의 영향을 지적하기도 하지만, 본고에서의 '제도적'이란 수식어는 Hauriou의 제도이론과는 관련이 없다. 다만, 제도적 보장이란 표현을 선택한 이유를 굳이 찾는다면, 제도는 조직화된 사회적 생활에 관한 일정한 법적인 기술(technique)의 하나로 이해될 수 있다는 점을 들 수 있을 것이다(J.-C. Ricci, Introduction a l'etude du droit, Hachette, Paris, 2000, pp. 106-107).

1. 지방의회와 자유로운 행정

지방분권은 국가와 지방자치단체 간의 관계 설정 방식이라 할 수 있다. 따라서 행정조직법상의 지방행정 조직 원칙에 머물고 있는 것이 아니라 지방의 고유한 이익을 위한 지방사무의 처리를 위한 시민들의 민주적 참여를 의미한다. 전통적으로 지방의회의 선거는 행정법원의 관할(이에 비해 하원선거나 대통령선거소송은 헌법위원회가 관할권을 가진다)에 속하였고, 정치적 성격보다는 행정(법)적 성격을 가진다고 이해되었다.

그러나 2003년 개정 전에도 프랑스 헌법의 지방자치에 관한 12장(Titre) 제72조 제1항은 분명히 지방자치단체의 자유로운 행정의 판단 기준으로 지방의회를 규정하고 있었고, 헌법위원회(le Conseil constitutionnel)는 지방선거에서의 남 · 여 성별 비례대표제를 도입에 관한 1982년 11월 18일 판결(C.C., n°82-146, DC, 18 novembre 1982, Rec., p. 66)에서 헌법 제3조 제3항[2]은 모든 정치적 선거에 대해 적용되고, 꼬뮌의 지방의회의원(conseils municipaux)을 포함한 모든 지방선거를 포함한다고 하였다. 여기서 정치적 선거라는 평가는 지방선거에 참여한다는 사실을 통해 선거인들이 정치공동체의 구성원인 시민을 의미하는 것이지 결코 정해진 구역에서 주소를 가지고 사는 자를 의미하는 것은 아니라는 불루이(J. Boulouis) 교수의 지적은 경청할 만하다고 본다(A. Roux, 19).

지방의회를 통한 자유로운 행정은 대표제라는 틀 안에서는 지역주민의 의

2 | 선거는 헌법에서 정하는 바에 따라 직접 혹은 간접선거가 될 수 있다. 선거는 항상 보통(universelle), 평등(égal), 그리고 비밀(secret) 선거에 의한다.

사가 자문적일 수밖에 없게 된다. 그런데 신설된 헌법 제72-1조는 주민청원뿐 아니라 구속적 주민투표를 규정하고 있다는 점에서 변화를 가져왔다고 할 수 있다. 다만 헌법 제72-1조의 적용은 새로운 특별한 지위를 갖는 단체의 설립이나 구성의 변경에 한정되기 때문에 법률이 규정하는 주민투표는 여전히 자문적이라 할 수 있다.[3]

2. 헌법적 보장을 위한 권한과 최소한의 수단

지방분권이 존재한다고 한다면 지방자치단체에는 고유한 권한과 재원에 관한 수단이 있어야 한다. 아마 이 점에 대해 헌법개정론자는 우회적이긴 하지만 보충성원칙을 천명하였다고 생각한다. 비록 구체적으로 어떤 단체가 권한을 실행하기 위해 가장 적합한 위치에 있는가를 정확하게 정하기는 어렵다고 하더라도 헌법위원회는 그에 대한 유효한 판단을 내릴 수 있다고 할 수 있다. 개정된 제72조 제3항은 이전의 제2항(앞 부분에서 검토)에 더하여 지방자치단체가 권한의 실행을 위한 명령제정권(un pouvoir réglementaire)을 가진다고 규정한다. 지방자치단체의 자치적 규범제정권이 있는가에 대해 모리스 부졸(M. Bourjol) 교수는 "지방자치단체의 자유로운 행정은 헌법에서 직접 유래한 것이기 때문에 정부(국가)의 명령제정에 관한 헌법 제37조 제1항[4]에도 불구하고 지방적 명령(le règlement local)을 제정할 권한이 당연히 있다."라고 주장

3 | P.-L. Frier, Précis de droit administratif, 3e édition, Montchrestien, Paris, 2004, p. 135.

4 | 법률유보사항과 다른 사항은 명령적 성질을 가진다(les matières autres que celles qui sont du domaine de la loi ont un caractère réglemetaire).

하였다.

헌법이 정하는 입법 사항 외의 분야에 대한 자치적 규범제정권은 전통적인 지방분권론에서 설명하는 지방자치단체의 의사결정의 자유가 법률의 범위에서 인정되는 것과는 구별된다는 주장에 대해 다수의 견해는 비판적이었다. 그 이유로는 헌법이 지방의회가 사전에 법률의 개입 없이도 명령을 제정할 수 있는 권한을 가진다면 입법자에게 자유로운 행정의 기본원칙을 정하도록 한 헌법 제34조에 맞지 않다는 점[5]과 헌법 제21조가 명령제정권은 정부를 이끄는 총리에게 있다고 규정한 것을 들었다.

개정헌법의 새로운 규정은 이러한 논의를 뒤엎는 입장을 취하고 있지는 않다. 다만 지방분권을 위한 지방자치단체의 권한을 좀 더 우호적이고 적극적으로 확인한 것이며 국가로부터 독립적인 어떠한 규범제정권을 인정하는 것은 아니다. 그리고 입법자는 지방자치단체인 코르스(la Corse)에 대해 국가의 법령규정을 변경할 필요가 있는 특수성이 존재하는 경우에 법률의 적용에 관한 방법을 정할 수 있다.[6]

3. 실험법과 지방자치단체의 참여

2002년 10월 Raffarin 전 총리는 연설에서 통일성(unité)과 획일성(uniformité)은 혼동되어서는 안 되고 실험적인 시도를 수행할 권리가 지방자

5 | J.-M. Auby, Le pouvoir réglementaire des autorités des collectivités locales. A propos controverses récentes, AJDA, 1984, p. 475.
6 | C.C. 2001-454, DC, 17 janvier 2002, Rec., p. 20.

치단체에 펼쳐질 것이라고 하였다. 정부로서는 실험법의 참여를 통해 공공행정과 민주화를 위한 최적효과를 위해 실험적 시도에 관한 지방자치단체의 참여와 판단에 많은 기대를 하고 있다.[7] 개정헌법 제72조 제4항을 통해 예정된 조직법률을 통해 구체화된 지방자치단체의 실험의 참여에 있어서 실험법의 시작은 실험법률의 경우에는 입법자의 법률 제정을 통해 개시된다.

지방자치단체와 지방자치단체조합은 필요한 경우, 법률 또는 명령의 규정에 의한 대상과 기간이 제한된 실험법 명칭(à titre expérimental)의 그 권한 실행을 규정하는 일반 법률 또는 명령규정의 예외규정을 규정할 수 있다. 다만 공적 자유(liberté publique)나 헌법상 보호되는 권리의 실행의 본질적인 요건과 관련되는 경우에는 그러하지 아니하다(신설된 제72조 제4항). 그런데 조직법률에서는 이에 관한 내용은 규정으로 구체화하지 않고 있다. 조직법률 제정과정에서 의회(하원)는 실험법의 배제의 대상이 되는 공적 자유와 권리를 나열해야 한다고 주장하였지만, 정부는 이에 반대하였다. 정부로서는 복잡하고 어려운 작업을 자신이 하기보다는 법원의 판단을 통해 사례별로 헌법위원회의 판단에 맡기는 것이 타당하다고 생각했고, 실험대상이 헌법상 보장되는 권리나 공적 자유와 관련되는지 일정한 일관성을 보여주는 헌법판례에 따르는 것이 더 합리적이라고 판단했던 것으로 보인다.[8] 입법자의 입법 의무 사항 중에는 지방자치단체가 참여하는 실험의 기간이 반드시 포함되어야 하고, 실험법의 경우에는 그 기간이 5년을 초과하지 못한다. 물론 입법자는 그보다 더 짧은

7 | C. Lazaunie, Local government reform: the areas of education and culture, 지방자치단체와 국제협력, 2006년 경상대학교 국제학술세미나(2006. 5. 15.), p. 66.

8 | 헌법 개정 논의 과정에서 지방자치부 차관(le ministre délégué aux libertés locales)이 개진한 "본질적"이란 수식어를 삭제하자는 주장도 공적 자유와 관련해 실험의 절차가 전기한 권리나 공적자유를 해치지 않으며 실험법의 절차에 포함된다고 유추해 볼 수 있다.

기간을 정할 수 있다. 그리고 조직법률 제1113-6조에서는 입법자에게 3년간의 연장 가능성의 문을 열어두고 있다. 조직법률 제1113-2조[9]는 실험을 원하는 지방자치단체가 진행하는 절차에 대한 규정을 두고 있다. 실험을 원하는 모든 지방자치단체는 "당해 지방의회의 의결을 거쳐(une délibération motivée de son assemblée délibérante)" 정해진 기간 내에 법률에 "언급된(mentionné)" 실험의 실시를 요구할 수 있다. 지방의회의 동의 확인을 요구하는 것은 현실과 지방자치단체의 참여의 숙고를 입증하기 위한 것이라고 추론해 볼 수 있다.

헌법이 예정하는 실험규범에 대한 지방자치단체 참여의 보장은 제한된 기간과 전국의 지방자치단체 전반에 주는 교훈을 주는 목적을 가지고 있고, 평가(조직법률 제1111-5조)의 진행 과정을 거치게 된다. 조직법률 제1113-6조는 실험법의 종료에 관한 3가지 가정(3년 이내의 연장, 실험법의 인정과 일반화, 실험법의 폐기)을 규정하고 있다.

입법자는 최종적으로 법률이 채택될 때까지 다음의 3가지 결과 중 어느 하나를 담고 있는 입법제안서 또는 법률안의 제출을, 실험을 허가한 법률이 정한 기간으로부터 1년간 연장할 수 있다고 정하고 있다. 이러한 연장은 관보에 게재되어야 한다. 이전의 법률이 정한 기간을 단순한 입법제안서나 법률안의 제출만으로 연장할 수 있다는 우려에 대해 헌법위원회는 헌법에 위반되지 않는다고 판단하였다.

9 | 조직법률 제1113-1조에 언급된 법률이 정한 실험 실시 분야에 참여하는 모든 지방자치단체는 전 조에서 정한 기간 내에 당해 지방자치단체의 의회의 의결을 통해 동 법률이 정하는 실험을 진행할 것을 요청할 수 있다(제1문).
지방자치단체의 요청은 국가대표에게 이송되고 국가대표는 검토서를 첨부하여 지방자치단체 소관 장관에게 보고한다(제2문).
정부는 법적요건이 충족되었는가를 검토하고 데크레를 통해 실험 참여가 허가된 지방자치단체의 명단을 공포한다(제3문).

4. 주민투표와 자유로운 행정

프랑스 헌법은 제89조에서 구속적 성격의 국가(헌법) 차원의 국민투표를 규정하고 있다. 하지만 대의제도를 원칙으로 하는 지방민주주의 이념이나 전통적인 국민주권과 구별되는 지방(주민)투표는 법적으로 헌법 제3조에 합치하지 않는다고 평가되었다. 다시 말해, 'peuple(투표자로서의 지역주민)'이 갖는 국민주권은 'le référendum'을 통해 행사되지만(제3조 제1항), 이는 전국적(national)이지 지역적(local)이 아니라는 것이다.[10] 따라서 신설된 헌법 제72-1조는 법률이 정하는 요건에 따라 유권자들이 각 지방자치단체의 권한에 속하는 문제에 관하여 그 의결기관의 의사 일정에 기록하도록 요구할 수 있도록 규정하고 있다(제1항).

그리고 조직법률이 정하는 조건에 따라 지방자치단체의 권한에 속하는 의결이나 행위에 관한 제안에 대해 주민투표를 통해 결정할 수 있도록 하여 종전에 자문적(consultatif)인 데 머물렀던 주민투표에 의결적인 성격(décisionnel)을 부여하였다. 특별한 지위가 부여된 지방지치단체의 설립 또는 그 조직의 변경이 예정되는 경우, 법률이 정하는 바에 따라 관련 지방자치단체에 등록된 유권자에게 자문을 통해 결정할 수 있다(제3항). 지방자치단체 구역을 변경하는 경우에도 법률이 정하는 조건에 따라 유권자에게 자문을 구할 수 있다(제4항).

10 | P. Delvové, Le référendum local, RFDA, janvier-février 2004, p. 8.

5. 강화된 재정자치

개정헌법 제72-2조는 법률이 정하는 바에 따라 지방자치단체에 과세표준과 세율을 정할 수 있도록 인정할 수 있음(peut les autotiser à)을 헌법에서 처음으로 규정하고 있어, 지방분권의 실질적 의미인 재정자치권을 대폭 강화하고 있다. 헌법 제72-2조 제3항은 각 종류의 지방자치단체는 세입과 다른 고유한 재원은 지방자치단체의 전체 재원의 중요한 부분을 대표하고(제1문), 조직법률을 통해 이러한 규정의 실행을 위한 요건을 정한다(제2문)고 규정하고 있다. 이에 따라 2004년 7월 29일에 조직법률(제2004-758호)에서 지방자치단체의 재정자치에 관한 내용을 규정하고 있다. 그리고 주목할 것은 제72-2조의 제4항과 제5항에서 우리의 지방분권의 실현 과정에서 많은 시사점을 찾을 수 있는 재원이전이 수반된 권한이양과 격차가 큰 지방자치단체의 재정상 형평화를 규정하고 있다는 것이다. 법률은 동조 제4항에서 "국가와 지방자치단체 간의 모든 권한의 이양은 그 실행을 위해 사용한 규모에 상응하는 재원의 배분이 수반되어야"라고 한다.

제2절 | 지방자치단체의 대외활동과 자치경찰

1. 분권화된 국제협력

국가로부터 독립적이지는 않지만 구별되는, 분권화된 지방자치단체가 자유로운 행정의 내용으로 대외적인 활동을 스스로 결정할 수 있는가 하는 문제는 자유로운 행정의 한계인 단일국가의 불가분성의 존중이라는 관점에서 접근해야 한다.

전통적 설명에 따르면, 지방자치단체가 독자적으로 다른 주권국가와 외교적 관계를 맺는다는 것은 불가능하다. 그렇지만 법률은 일정한 조건 하에서 국내의 지방자치단체가 외국의 지방자치단체와의 협력을 인정하고 있으며—이를 분권화된 협력(la coopération décentralisée)이라 표현한다—국경을 같이하는 인접 유럽 국가의 지방자치단체와의 공동 관심사에 관한 협력(la coopération frontalière)은 유럽연합이 구체화되어 감에 따라 증가하고 발전되어 왔다.

1) 원칙에 관한 논의

분권화된 협력은 국내의 지방자치단체와 외국의 지방자치단체 간의 법적 내용을 가진 협력관계의 개설을 지칭하기 위해서 1992년에 처음으로 실정법상 용어로 등장하였다. 그런데 지방자치단체(특히 꼬뮌이 가장 두드러진다)가 국제협력에 관한 법적 내용을 검토하게 되는 경우에 제기되는 의문은 법 이론상 과연 지방자치단체는 독자적으로 외국의 지방자치단체와 협정을 맺을 수 있는가 하는 점이다(J. Bouron · J.-M. Pontier · J.-C. Ricci, 366).

현실적으로 중앙(정부)의 반응이 일관적이지는 않았다. 때로는 유연한 정책(1983년 5월 26일 모로와[Mauroy] 시큘래흐와 1985년 5월 10일 파비우스[Fabius] 시큘래흐)을 취하기도 했지만 경직된 입장(1987년 5월 22일 시락[Chirac] 시큘래흐)을 나타내기도 하였다. 당시 정부의 입장이 어떠했든지 간에 효력 발생 중인 실정법 규정에 정면으로 반대되는 내용의 협정에 대해 비교적 온건한 태도를 취했다고 볼 수 있는데, 지방의원과 국회의원을 겸직하는 일부 의원들은 정부 구성원인 국회(하원)의원이나 지방의원의 입장을 표명하는가에 따라 서로 다른 입장을 표명하거나 행동하는 등[11] 다소 일관적이지는 않았다고 평가된다. 현재 지방자치법(CGCT)의 법률조항 제1112-1조 이하에 규정되어 있는 내용은 1992년 2월 6일 지역개발에 관한 법률(ATER), 동 법률의 시행을 위한 미간행된 1994년 5월 26일 정부 간 시큘래흐의 규정을 그대로 따르고 있다. 법률조항 제1112-1조는 "지방자치단체와 지방자치단체연합은 자신의 권한범위 내(dans les limites de leurs compétences)에서 프랑스(정부)가 체결한 국제협약(les accords internationaux)의 내용에 반하지 않는 외국의 지방자치단체와 협정을 체결할 수 있다."라고 규정한다. 그리고 일정한 협력관계에 대해 이전에 주어졌

11 | J.-M. Pontier, La Région, 2e édition, Dalloz, 1998, p. 1793-13 ets.

던 제한들은 삭제되었다. 따라서 지방자치단체가 외국의 지방자치단체와 어떠한 내용의 관계를 설정하는가는 법률에 의해 정해졌고, 그 가능성은 지방자치단체의 자유로운 행정(la libre administration)이라는 헌법원칙으로부터 나온다고 해석된다. 그리고 앞의 두 가지의 제한 내용도 예상이 가능하다고 할 수 있다. 첫 번째 제한과 관련해서 지방자치단체의 권한범위 내에서 외국의 지방자치단체와 공동으로 처리할 수 있는 사무는 관련된 국내 지방자치단체의 지역에서도 효력이 발생하므로 지방자치단체의 권한에 부가되는 제한은 상대적이긴 하지만 분명해진다. 다음으로 지방자치단체에 주어진 두 번째 제한은 프랑스(정부)가 체결한 국제협약의 목록과 내용을 통해 알 수 있게 된다.[12]

2) 분권화된 협력의 모습

분권화된 협력은 분권화된 공공단체들 간에 체결된 협정을 통해 정해진다. 이러한 협정은 지방자치단체의 법적 행위이고 적법성의 통제의 예외가 아니다. 따라서 지방자치단체의 협정 체결 행위는 지방자치법(CGCT) 법률조항 제2131-1조와 법률조항 제2131-2조에서 규정한 바와 같이 국가대표(프레페)에게 이송되면서 효력을 발생하고, 법률조항 제2131-6조가 정하는 프레페 제소 절차의 통제의 대상이 된다. 다만 특기할 것으로 법률조항 제1112-1조를 들 수 있는데, 동 규정에 의하면 유럽연합(EU) 회원국들의 지방

12 | J.-M. Pontier, Les relations internationales des collectivités territoriales, 지방자치단체와 국제협력, 2006년 경상대학교 국제학술세미나(2006. 5. 15.), p. 25.

자치단체가 참여하는 지역 간(interrégional) 혹은 인접국 간(frontalière)의 협력 프로그램과 계획에서 요구되는 모든 행위를 정해진 기간 동안 실행하고 전체적으로 관리하는 공익단체(GIP)를 설립할 수 있다. 법률규정은 유럽연합회원국의 지방자치단체가 이 공익단체에 참여할 수 있다고 밝히고 있다. 법률조항 제1112-1조의 종전 법률(1992년 2월 6일 법률) 규정의 실행을 위한 1993년 3월 27일 데크레는 설립된 공익단체는 참가자(partenaires)들의 설립협정(convention constituve)을 통해 이루어진다. 공익단체나 그 기관의 업무수행(fonctionnement)에 관한 전기한 협정은 공익단체의 참가자들의 권리와 의무에 우선해야 한다. 전기한 협정은 내무부 장관과 예산부처 장관의 승인을 받아야 한다. 프레페는 공익단체의 정부감독관으로서 공익단체의 회의에 참석하며 공익단체와 관련된 모두 서류를 송부하며 공익단체의 인력에 대한 (사후) 임용에 관한 동의권을 행사한다. 별도의 예외 규정이 없는 경우에는 회계와 관리는 사법상 규율에 따른다. 그 밖에도 법률조항 제1522-1조는 외국의 지방자치단체는 꼬뮌의 이익을 위한 공공서비스의 경영을 위한 지방혼합자본회사(SEML)의 자본에 투자할 수 있다고 규정한다.

3) 지방자치단체와 유럽연합

프랑스 국내의 지방자치단체의 다른 유럽 국가의 지방자치단체와의 협력은 국경을 마주하는 특정한 지방자치단체의 경우와 유럽연합과의 협력이라는 특징을 가진다. 유럽의 통합은 유럽연합의 기관의 지역정책의 존재를 통해 직접적으로 지방자치단체에 관해 관심을 나타내고 있다. 프랑스의 경우, 만일 레지옹이 이러한 정책의 가장 많은 직접적 관심대상이라면 다른 종류의 지방자치단체(데파트망, 꼬뮌)의 경우는 간접적으로 그리고 점점 더 직접적으로 유럽연합의 정책의 대상이 된다고 할 수 있다. 프랑스의 지방자치단체가 공동체 기구와 공동체의 정책을 통해 얻게 된 실익은 우선 다양한 종류의 기금, 특히 FEDER(지역경제개발기금)을 통해 유럽공동체(지금은 연합)가 부여할 수 있는 원조에 관한 것을 들 수 있다. 물론, 지방자치단체가 직접적으로 이러한 공동체의 지원을 획득할 수는 없고, 국가만이 DOCUP(단일일정계획 문서)를 통해 공동체에 대해 제출하게 된다. 1994~1999년 동안 프랑스는 구조기금 대출 명목으로 (공동체의 초안 계획을 초과한) 146억 8,100만 유로(1994년 가치)를 제출하였다. 동 기금의 내역은 objective 1 명목으로 21억 9천만 유로, 17억 6500만 유로는 objective 2의 명목으로, 2억 3백만 유로는 objective 3과 objective 4의 명목으로, 22억 3800만 유로는 objective 5의 명목으로 구분된다.

2. 지방(자치)경찰

1) 지방경찰의 담당자

(1) 꼬뮌의 장이 행사하는 경찰권

일반적으로 프랑스 지방(자치)경찰은 꼬뮌의 단체장이 행사하는 행정경찰(la police administrative)로 소개된다. 하지만 3만 7천여 개나 되는 꼬뮌의 규모는 그 숫자만큼이나 매우 다양하고, 실제로 단체장의 자치경찰권의 범위와 내용은 어떤 규모를 가진 꼬뮌이냐에 따라 다양할 수 있다.

지방 차원에서의 경찰권자인 꼬뮌의 단체장인 시장(le maire)은 국가경찰인 경우와 아울러 자신이 속한 지방자치단체의 고유 지방 경찰로서의 기능적 이중성을 지니게 된다. 그러나 헌법상 지방자치단체인 데파트망과 레지옹의 단체장의 경우는 꼬뮌의 경우와 다르다. 1789년 대혁명 이후 프랑스 지방행정을 대표하는 데파트망의 경우, 지방분권화 조치 이전에는 일반 지방행정기관이라고 볼 수 있는 중앙에서 파견한 프레페(le Préfet)가 경찰권한을 행사했지만, 지방분권법 이후 상당 부분 집행기관인 콩세이제네랄의 장(le président du Conseil général)에게 경찰권한이 이양되었다.[13] 꼬뮌의 단체장이 자치단체 전반에 걸친 일반 경찰권을 갖는 데 반해, 데파트망의 경우 꽁세이데타 판결의 미미한 판례상의 변화를 고려한다고 해도 꼬뮌의 시장과 같은 경찰권한을 갖지 못한다.

위의 두 경우에 비해 레지옹의 단체장은 어떤 일반경찰권도 갖지 못한다. 특별경찰권은 꼬뮌의 단체장만이 지방 차원에서 유일하게 가지며 다른 지방자치단체의 경우 국가파견 공무원인 프레페가 지방 차원의 특별경찰권을 수행한다.

(2) 자치경찰

국내에서 프랑스 자치경찰로 소개하는 지방경찰(la police municipale)은 프랑스 지방자치단체 중 꼬뮌 소속의 경찰이다. 이들은 국가경찰과 동일한 지역에서 활동한다. 그런데 지방경찰권을 갖는 단체장은 이 경우에 국가공

13 | 꽁세이데타는 일반적 행정경찰에 있어서 긍정적인 해석을 하고 있다. 관련 판례는 C.E., 15 janvier 1988, Association foncière et M. Raout, AJDA, 1988, p. 406.

무원의 법적 지위를 가진다. 프랑스 지방자치법(CGCT) 법률조항 제2131-5조는 경찰권 행사와 관련해 데파트망의 프레페의 대집행권 행사에 관해 규정한다. 꼬뮌 차원에서는 선출된 단체장이 지역 내의 공공질서 유지의 최고 책임자로서 국가 공무원의 지위를 갖기 때문에 엄밀히 말하면 자치경찰도 이미 상당 부분 국가경찰화 되었다고 평가할 수 있다. 지방행정경찰도 경찰 개념에서 설명한 다양한 경찰 개념상의 기준과 경찰권 행사의 내용이 대부분 적용된다. 지방경찰은 그 본질상 지방자치단체의 기관으로서 명령권(le pouvoir réglementaire)과 개별적 처분권(la décision individuelle)을 행사한다.

2) 지방경찰권한의 행사

(1) 권한의 경합

꼬뮌의 단체장이 경찰권한을 행사하는 경우, 당해 자치단체 지역보다 더 광역(상급)의 경찰권자의 조치가 이미 존재함에도 불구하고 일반경찰권에 대해 개입할 수 있다. 이와 관련해 꽁세이데타는 1902년 4월 18일 '꼬뮌 네리스레뱅(Néris-les-Bains) 판결'[14]에서 "일반경찰권을 가지는 꼬뮌의 시장은 이미 상급 차원의 경찰 조치가 존재하고 있더라도 이를 추가하거나 가

14 | C.E., 18 avril 1902, Commune de Néris-les-bain, Rec., p. 275.
알리에(Allier)의 프레페(le Préfet)는 아레테(arrêté)를 통해 공공장소에서 투전 행위를 금지하였다. 내무부 장관의 승인을 얻은 온천장의 경우는 예외로 한 동 경찰규칙은 해당 데파트망과 소속 꼬뮌에 적용되었다. 그런데 일부 꼬뮌의 단체장들은 동일한 내용의 경찰규칙을 제정하였는데, 특례의 가능성을 배제한 프레페의 규칙에 비해 더 엄격한 내용을 담고 있었다. 1982년 법률 이전의 지방분권화가 실시되기 전, 국가가 가지고 있었던 후견적 행정 감독권을 통해 프레페는 당시 효력을 발하기 않았던 데크레상의 이유를 들어 지방자치단체장(le maire)의 경찰규칙을 취소하였다. 그러자 꼬뮌 네리스레뱅(Nerris-les-bains)의 시장은 프레페의 취소 결정에 대한 월권소송을 제기하였고, 국사원은 원고 주장을 인용하였다.

중할 수는 있으나 완화할 수는 없다."라는 원칙을 세웠다. 위 판결이 갖는 의미는 지방 행정경찰권자인 시장에게 후견적 감독기관의 자격으로 국가(le préfet)가 취한 지방자치단체의 행위에 관한 취소 결정에 대한 월권소송의 원고 적격을 인정하였다는 것이다(M. Long · P. Weil · G. Braibant · P. Delvolvé · B. Genevois, 59).

(2) 경찰조치의 적법성

지방경찰의 조치는 다음 3가지 기본원칙을 전제로 행사되어야 한다. 첫째, 경찰권은 위임될 수 없다. 둘째, 경찰기관은 공공의 질서유지를 달성하기 위해 필요하고(requises) 적절한(adéquates) 모든 수단을 동원하며 책임을 질 의무를 진다. 셋째, 민주국가에서는 "자유가 원칙이고 경찰조치는 예외(la démocratie est la règle, la mesure de police l'exception)"라는 원칙이 강조된다. 특히 마지막 원칙은 지방경찰조치에 대한 행정법원의 사법적 통제를 설명한다고 할 수 있는데, 경찰권은 공개된 장소에서는 그 범위가 확장되는 반면에 사적인 공간에서는 제한된다.[15] 행정법원이 경찰행위의 성질에 대해 판단하게 되는데, 기본권과 관련된 지방경찰권의 행사는 엄격한 통제를 받는다. 그리고 무엇보다 중요한 것은 경찰조치의 중대성과 위협과의 비례성에 대한 판단에 있다. 일반적으로 행정법원은 일반적이고 비제한적인 경찰상의 금지 조치는 위법하다고 판단하고 있다.[16]

15 | C.E., Section, 25 janvier 1980, Gadigia et autrs, AJDA, 1980, p. 307.

16 | C.E., Ass., 22 juillet 1951, Duadugnac et Fédération national des photographes-filmers, Rec. p. 362.

(3) 구체적 사례 – 지방자치단체장의 구걸 금지 경찰규칙의 적법성

프랑스 행정판례를 살펴보면 꽁세이데타는 "지방경찰권은 꼬뮌의 단체장만이 행사할 수 있기 때문에 성당의 타종에 관한 규정을 정한 지방의회의 의결은 무효"라고 판시하고 있다.[17] 다시 말해, 타종에 관한 사항은 지방경찰에 관한 시장의 경찰규칙(l'arrêté du maire) 형식을 통해 행사할 수 있다. 꼬뮌의 시장의 경우, 경찰 분야에 있어 공공의 안전의 임무를 수행하기 위해(CGCT, 법률조항 제2211-11조) 지방자치법 법률조항 제2212-2조에서 규정하고 있는 공공질서, 공공의 평온, 안전, 위생을 위한 경찰규칙을 제정할 수 있다.

1995년과 1996년에 프랑스 남부 관광지 지역을 중심으로 구걸 행위, 노숙,[18] 시내 카페테라스 주변에서 알콜성 음료를 마시는 행위를 금지하는 꼬뮌장의 경찰규칙 제정이 있었다. 이러한 경찰규칙 제정의 이유는 1994년 개정된 새로운 형법전의 시행을 앞두고 위의 행위들이 처벌되지 않는 점에 있었다. 전기한 행동들은 공공질서에 대한 침해라고 간주할 수 있지만 공공질서의 위협에 대해 취해진 경찰조치도 비례성의 범위 안에 있어야만 한다. 행정법원도 일반적이고 영구적인 금지에 대해서는 위법성을 인정한다. 하지만 지나치게 장기간 점거를 금지하는 조치가 다른 시민들의 자유로운 통행에 방해를 주는 경우라면 공공질서에 대한 침해가 된다고 할 수 있다.[19] 이에 대해 마르세이유(Marseille) 행정항소법원은 "화요일부터 일요일까지 9시부터 20시까지 시내 중심가와 특정 대규모 공간에서 정당한 형식을 갖추지 않

17 | C.E., 16 juillet 1915, Abbé Couvenhes, Rec., p. 329.

18 | 혐오감이나 공격적인 태도를 보이는 집단 점거 행위: 1996년 6월 12, 14일 Bézier 시장의 경찰규칙.

19 | J. Morand-Deviller, Droit administratif, Montchrestien, 2011, pp. 541-542.

고 구걸 행위를 하는 것을 금지하거나(꼬뮌 Prade의 경찰규칙), 카페테라스 앞에서 알콜성 음료를 마시는 행위를 금지하는(꼬뮌 Sète의 경찰규칙) 것은 과도한 제한이라고 할 수 없다."라고 판결하였다.[20] 그리고 니스(Nice) 행정법원[21]도 공공의 평온에 지장을 주는 공로상의 일정한 모금 행위를 금지하는 시장의 경찰권 행사는 적법하다고 판결하였다.[22]

20 | I. Michallet, Le contentieux administratif des arrêtés municipaux d´interdiction de la mendicité, AJDA, 20 avril 2001, p. 320.

21 | Tribunal administratif, 1심 행정법원을 말한다. TA로 줄여 표기하기도 한다.

22 | T. A. Nice, 29 avril 1997, Mme. Cardinalli-Boyer et autres, req., n°96-2404.

제3절 | 자유로운 행정을 위한 재정자치

분권화된 지방자치단체는 자신에게 필요한 자원의 금액을 자율적으로 결정할 수 있는 권한이 있어야 한다. 이와 더불어 지방세의 세율은 자치단체가 독자적으로 결정할 수 있는 사항이라 할 수 있다. 한편, 지방분권은 권한이전 시스템과 연계되어 있기 때문에 중앙정부와 지방자치단체 사이의 재정의 연계성을 가지고 검토되어야 한다. 지방에 이양된 권한은 반드시 이에 수반되는 재원의 이전을 전제로 한다. 이러한 점에서 프랑스 지방재정 분야에서는 지방자치단체의 자유로운 사용이 인정되는 국가보조금의 종합화 내지는 교부금으로의 변환, 새로운 부담에 대한 보상, 지방자치단체 간의 빈부와 우열의 격차 해소를 위한 형평화(la péréquation)가 강조되고 있다.

1. 지방재정 운영에서의 지방분권 원칙

프랑스의 지방분권의 배경에는 1970년대 이후 과도한 중앙집권으로 야기된 정치 · 행정 · 경제적 문제점을 해결하는 방법으로 지방에서 처리하는 것이 바람직한 업무에 대해 국가의 개입보다는 지방 수준에서 해결하도록 하는 모델이 필요하게 되었다. 지방자치단체는 경제적 발전과 각종 개발의 주요한 인자로 부상하였고 이를 위한 운영과 투자의 증대는 결국 지방재정의 확충이 없이는 목적 달성이 어려운 상황에 놓이게 되었음을 뜻한다.[23]

현실적으로 재정의 관리와 지방세 결정에서의 자치권의 확대는 지방재정자치를 가능하게 하고 지방의 발전과 경제의 활성화를 달성한다는 점에서 지방자치의 성공을 위한 필수적 요건이 된다. 따라서 이러한 지방재정의 자치가 보장되지 않는 한 지방분권은 단순한 사무 이양의 형식적인 결과만을 의미하게 된다. 따라서 지방분권을 2003년 이후 헌법적 가치를 가지는 국가조직원리로 선언한 프랑스에서는 지방재정의 운영에 있어서도 지방분권의 일반원칙의 틀을 벗어나기는 어렵다고 할 수 있다.[24]

1) 프랑스 지방재정의 현황

2011년 DGCL 보고서에 의하면, 2011년 1월 1일 기준으로 프랑스에는 36,791개의 꼬뮌(이 중 유럽본토[métropole]에 36,568개)과 100개의 데파트망(이 중 유럽본토에 96개), 그리고 26개의 레지옹(이 중 유럽본토에 21개)이 있다. 이러한 지방자치단체는 건전재정을 유지하기 위해 수입(les

23 | 최진혁, 「프랑스 지방자치단체 재정자치의 논거에 관한 연구」, 『한국지방자치학회보』 제15권 제1호, 2003, pp. 65-66.

24 | 2003년 3월 28일 헌법 개정의 중요한 목표는 1) 지방민주주의를 발전시키고, 2) 지방자치단체의 자치행정과 자치재정을 강화하고, 3) 프랑스의 해외 지방자치단체의 지위의 다양성을 고려하는 것을 내용으로 하고 있다. 이러한 헌법적 개혁 조치의 실행은 이미 1982년부터 정부가 적극적으로 추진해 온 중앙으로부터 지양으로의 권한의 이양과 국가와 지방자치단체, 지방자치단체 간의 권한배분에 관한 분권정책이 효율적으로 이루어지지 못하고 있다는 지적과 함께 국가의 개혁의 요청으로부터 나오게 되었다(전훈, 「지방자치단체의 자유로운 행정의 헌법적 보장」, 『성균관법학』 제17권 제1호, 2004, p. 295)

recettes)의 총액을 지출(les dépenses)의 총액에 일치시키는 수지균형을 준수해야 한다.

1982년의 지방분권법(3월 2일 법률) 제8조는 다음 세 가지 요건을 들고 있다. 첫째, 투자와 경상재정은 각각 균형을 맞추어야 하고, 둘째, 수입과 지출은 실제와 비교하여 과대 혹은 과소평가를 배제한 실질적 평가가 이루어져야 한다. 셋째, 부채의 상환은 고유재원에 의해 충당되어야 한다(최진혁, 79)

지방자치단체의 수입은 크게 납세자들이 부담하는 세수입(les recettes fiscales), 세외수입(les recettes diverses), 보조금이나 교부금과 같은 이전수입(les transferts reçus)과 지방채(l'emprunts)가 있다. 2005년의 경우, 전체 지방자치단체(위의 세 가지 외에 해외지방자치단체, 특별한 지위를 부여한 지방자치단체, 코르스 섬 등 포함)의 총수입은 2,164억 유로이며 이 중 조세수입은 916억 5천만 유로로 42.35%를 차지한다. 지방자치단체의 지출의 경우, 인건비, 이자, 이전금을 포함한 경상비지출(les dépenses de fonctionnement)과 부채상환, 설비비용을 포함한 투자지출(les dépenses d'invetissement)로 대별된다.[25]

2007년도의 지방자치단체별 총지출의 배분을 보면, 꼬뮌(46.6%), 데파트망(28.3%), 과세권을 행사하는 꼬뮌연합체(13.9%), 레지옹(11.2%)의 순을 차지하고 있다(〈그림 1〉 참조).

25 | Direction générale des collectivités locale, 《Les Collectivités locales en chiffres en 2008》, 2008. 3., p. 9.

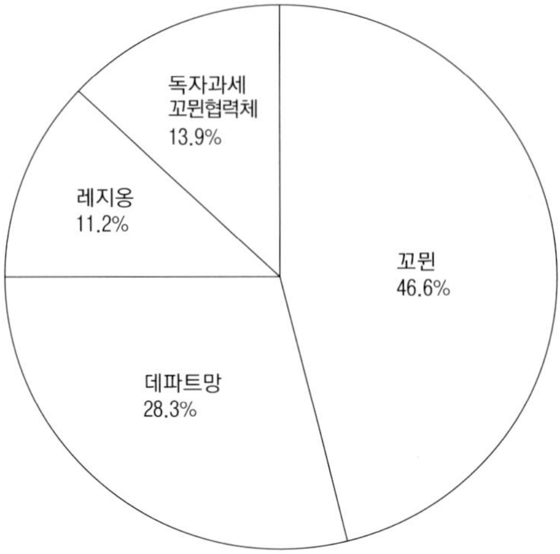

그림 1 | 2007년 지방자치단체 총지출의 배분

2) 분야별 권한배분 원칙과 통합교부금

앞에서 소개하였지만, 중앙정부와 지방자치단체 및 지방자치단체 간의 권한배분 방식에는 각 지방자치단체에 부여된 사항을 나열하는 목록을 구체적 규정을 통해 보충하는 이른바 전문성원칙 방식과 일정한 일반적 기준을 설정하고 그로부터 각급 지방자치단체에 속한 권한을 인정하는 일반권한조항주의 방식이 있다.

지방자치단체의 권한 사항에 대한 열거는 명시적으로 표현되는데 전문성원칙이 각급 지방자치단체의 권한을 열거한다는 점에 있다고는 하나 권한 사항 모두를 규정한다는 것은 불가능하다. 지방자치단체와 (이들이 가지는) 권한배분에 관한 1983년 1월 7일 법률에서 규정된 '전문성원칙'(제3조)은 '권한블록'을 통한 배분으로 나타났다. 법률 위 제3조의 취지는 국가와 지방의 권한배분은 가능한 한 그 권한의 실행을 위해 필요한 자원이 국가나 꼬뮌, 데파트망과 레지옹에 총괄적으로 부여될 수 있어야 한다는 것이다. 이러한 권한의 블록화는 후술하는 바와 같이 중앙정부의 지방자치단체에 대한 교부금이 포괄적 내지는 통합적으로 운영되는 것과 직접적 관련이 있다 말할 수는 없지만 어느 정도 연계성을 가진다고 본다.

3) 권한의 이전에 수반되는 재원이전

중앙의 지방으로의 권한이양은 당연히 그 권한의 행사에 필요한 비용 지출에 대한 재원이전이 뒷받침되어야 한다. 이러한 보상원칙은 이미 1983년 법률 제5조에서 국가의 권한이양에 필요한 재원의 동반 의무를 부가하고 있다. 동법에서는 이러한 비용의 부담에 대한 사전평가를 규정하고 있으며(제5조), 권한의 모든 이양은 이에 상응하는 서비스의 이전을 수반해야 함을 규정하고 있다(제7조).[26]

4) 세원의 이전에 따른 보상

국가는 지방자치단체에 대한 권한의 이전에 따른 재원보상과 관련해 그 재원의 절반은 국세의 이전 및 지방분권일반교부금(DGD: la dotation générale de décentralisation)의 배분에 의해 이루어진다. 다만 교육재정의 경

26 | J.-M. Pontier, Les principes de la répartition des compétences, in Les nouvelles compétences locales, Economica, Paris, 1985, pp. 24-25.

우, 데파트망(DDEC)과 레지옹(DRES)의 특별교부금이 1983년 7월 22일 법률에 의해 설치되었다.

5) 자주성이 보장되는 지방교부금의 변화

교부금의 자주성은 명시적으로 규정된 바는 아니지만 교부금의 방향에 대한 기본원칙으로서 여러 가지 조치를 통해 교부금의 개선과 발전을 위해 나타난 원칙 중 하나로 볼 수 있다. 지방분권일반교부금이 경상비교부금(DGF: la dotation globlae de fonctionnement)과 같은 방식으로 발전되는 예라든가 레지옹에 일반적 경상비교부금이 신설되거나 각종 보조금이나 교부금이 경상비교부금으로 통합화(총괄화)되는 형태로 진화하고 있다. 역시 마찬가지로 교육설비에 관한 레지옹교부금(DRES)이나 중학교 시설에 관한 데파트망교부금(DDEC)은 다음 연도 예상 (공공행정) 총 고정자산 형성(FBCF: la formation brute de capital fixe des administrations publiques)의 증가율에 따른 방식으로 변화 · 발전되었다(최진혁, 72).

2. 지방 재정조정 제도

프랑스의 경우, 중앙에서 지방으로의 재정 지원액 전체는 매년 700억 유로가 넘는 것으로 나타나고 있다. 중앙정부의 지방자치단체에 대한 재정 지원액은 1991년의 1900.1억 프랑에서 2002년에는 3,671.1억 프랑(559.66억 유로)으로 연평균 5.9%의 증가율을 나타내고 있다. 2008년에는 이전세원(약

200억 유로)을 제외하고 약 727억 유로로 나타나고 있다. 이러한 지원은 보조금, 각종 법률상의 감면보상의 형식으로 이루어지는 보조금의 부분으로 구성된다(아래 〈그림 2〉 참조). 한편 프랑스에서도 지역 불균형에 의한 지역 간 재정 격차의 시정은 오늘날 중요한 과제의 하나가 되고 있다. 이를 해결하기 위해서 나라마다 다양한 형태의 정부 간 재정이전 제도가 운용되고 있다.

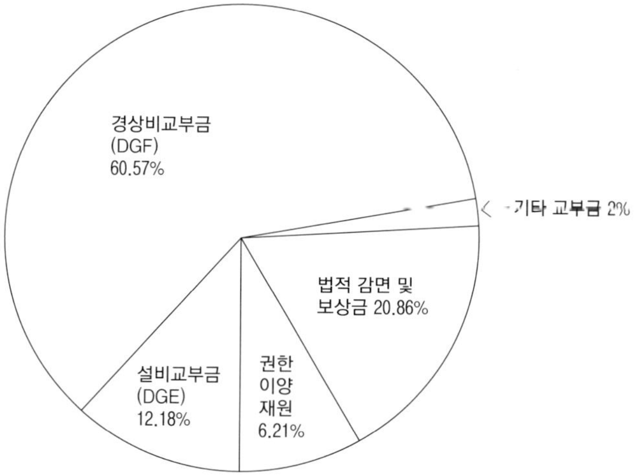

그림 2 | 국가의 재정지원 배분(2008년 예산법률)

우리의 지방재정조정제도[27]에 해당하는 프랑스 명칭을 직접 찾기는 어렵지만 지방재정법 교재나 지방자치법 교재에서는 보조금(les subventions)이란 표현을 통해 국가의 지원을 통한 지방재정의 조달(le financement par

27 | "지방자치단체의 재정력을 보완 · 확충하고 또한 자치단체 간의 재정 불균형을 완화시켜 주기 위해 국가나 상급 지방자치단체가 재정력이 취약한 자치단체로 재정을 이전 · 지원하는 제도"이다(김흥래, 『지방재정의 이론과 실제』, 박영사, 2005, p. 214).

concours de l'Etat)을 논하고 있다.[28] 프랑스는 지방분권화 실시를 앞두고 1979년에 중앙부처의 각종 사업별 특정 교부금을 대부분 통합하였고, 그 후에도 계속적으로 보조금에 관련된 개혁(지방분권화일반교부금[DGD]의 신설)을 행하였다.

구체적으로 보면, 프랑스에서의 지방자치단체에 대한 재정지원은 1990년대 이전에는 중앙정부의 지방자치단체에 대한 수직적 재정지원(조정)을 중심으로 진행되었지만 1990년대 초반부터는 수평적 재정지원(조정) 제도도 채택되고 있다. 그리고 2003년 헌법 개정 이후 지방 재정지원 방식에 있어 교부금의 통합화와 지방자치단체의 책임의 강화라는 변화가 있었다. 이하의 수직적 · 수평적 재정지원(조정) 방식의 구분은 설명의 편의를 위해서이며 결국 지방자치단체의 재정운영과 자치권의 실질적 보장의 핵심에 국가(중앙정부)가 중요한 역할을 하고 있다는 점에는 이론의 여지가 없다.

1) 국가-지방자치단체 간 수직적 재정조정: 교부금

수직적 재정지원(조정)은 중앙정부가 지방자치단체에, 또한 상급 지방자치단체가 하위 지방자치단체에 재원을 지원하거나 지방자치단체 간 재원의 불균형을 조정하는 방식이다. 프랑스의 지방자치단체에 대한 재정지원(조정)은 프랑스 특유의 중앙집권적 전통에 의하여 수직적 관계에 중점이 주어졌다. 그 후 1982년의 지방분권화 법률 이래로 1990년대 초반부터 수평적 재

28 | 앞의 부비에(M. Boubier) 교수의 『Les finances locales(지방재정)』의 제2장의 제목을 차용하였다.

정지원(조정) 제도를 채택하여 시행하고 있다. 프랑스에서도 지방자치단체 간 재정의 불균형에 대한 시정을 요구하는 움직임과 비판은 지방분권화를 통해 현실적으로 확대된 지방자치단체의 권한과 사무 이양에 따른 비용이전에 대한 불완전함으로 인한 일부의 역기능 심화와 함께 증가하였다.

형평성(la péréquation)의 이념적 기초를 바탕으로 한 지방재정제도는 1791년 공동기금(le fonds communs)의 설립이 그 시초라 할 수 있다. 이 공동기금은 중앙정부에서 징수한 재원(과태료)을 지방정부(꼬뮌)에 공평하게 배분하는 것을 내용으로 하였다. 이후에도 이러한 재정 불균형 시정을 위한 기금으로는 1942년의 전국형평기금(le fonds de péréquation national)을 비롯하여 여러 가지가 마련되었다.

현재 중앙의 지방 재정지원 시스템은 경상비교부금(DGF), 설비교부금(DGE: la dotation globale d´équipement), 사업세전국형평기금교부금(la dotation de 1´Etat au fonds national de péréquation de la taxe professonnelle), 전국형평기금(FNP: le fonds national de péréquation), 사업세형평데파트망기금(le fonds départemental de péréquation de la taxe professionnelle) 등으로써 지방정부의 재정 불균형을 시정하는 데 역점을 두고 있다. 이 중에서 경상비교부금(DGF), 설비교부금(DGE), 사업세형평전국기금(FNPTP), 형평전국기금(FNP)은 중앙정부가 지방자치단체에게 재원을 배분하며, 사업세형평데파트망 기금(FDNPTP)은 상위 자치단체인 데파트망이 하급 자치단체인 꼬뮌에 재원을 배분한다. 그 밖에 중앙정부의 지방자치단체에 대한 재정지원 제도는 지방분권 실시와 더불어 권한이양에 따라 재정지원을 하는 지방분권 일반교부금(DGD), 직업훈련 관련 교부금(la dotation relative à la formation professionnelle), 교육시설 투자를 위한 레지옹(DRES) 및 데파트망교부금

(DDEC) 등이 있다.

이 외에도 교원의 주거를 위한 특별교부금(DSI: la dotation spéciale de instituteurs), 부가가치세 보상기금(FCTVA: le fonds de compensation de la taxe sur la valeur ajoutée), 사업세보상교부금(la dotation de compensation de la taxe professionnelle), 중앙부처의 특별보조금(la subvention de divers ministéres), 기타 각종 지방세 관련 감면보상, 지방세개혁보상, 교통범칙금 공제(le prélèvement au titre des amendes forfaitaires de la circulation), 지방의원교부금 등이 수직적 재정지원 제도에 해당한다.

2) 지방자치단체 간 수평적 재정조정: 형평화

수평적 재정지원(조정)은 지방자치단체 간의 지역 간 경제적 격차와 지방세 운영 등에서 비롯하며 프랑스에서 제도화된 수평적 재정지원 시스템으로는 도시연대교부금(DSU: la dotation de solidarité urbaine), 농촌연대교부금(DSR: la dotation de solidarité rurale), 수도권(일드프랑스 레지옹) 꼬뮌간연대기금(le fonds de solidarité entre communes de la région Île-de-France), 지역불균형시정기금(le fonds de correction des déséquilibres régionaux) 등이 있다.

프랑스는 지방분권 실시를 앞두고 1979년에 중앙부처의 각종 사업별 특별보조금(les subventions spécifiques)을 대부분 교부금으로 통합하였고, 그 후에도 계속적으로 보조금에 관련된 개혁을 단행하였다. 즉, 1979년 경상비교부금, 1983년 설비투자비교부금과 지방분권화일반교부금 등의 신설과 잇단 개정이 뒤따랐다. 이에 따라 중앙정부의 간섭 · 통제가 감소된 반면에 지방정부의 재정적 자율성이 강화되었다(배준구, 250-251).

수평적 재정조정 방식이라 할 수 있는 형평화 조치는 지방자치단체에 부여된 자치권의 연장선상에서 강조되고 있다. 지역개발을 위한 폭넓은 권한을 가진 일부를 제외하고는 지방자치단체의 재정 불균형(지방자치단체의 5% 내지 약 1,800여 개의 꼬뮌이 영업세의 80%를 대표한다)의 심각성은 형평성을 위한 조치가 지방자치단체의 권한과 함께 반드시 동반해야 할 것을 요구하고 있다. 이러한 점에서 지난 2003년 3월 28일의 헌법 개정은 지방분권의 새로운 단계를 열었고 지방자치단체의 재정자치원칙으로 형평성(la péréquation)을 제시하고 있다.

지역 간 불균형 해소를 위한 형평성의 해결 방안은 구조적으로 열악한 지방자치단체를 역동적인 지역개발정책을 유지하도록 지원하는 데 있다고 할 수 있다.

현재 프랑스에서의 형평화 수단의 대부분은 수직적 형평 조치에서 나오는데, 다시 말하면, 이는 국가예산상의 재정교부금과 관련이 있다. 교부금에 관한 개혁은 이러한 교부금을 받는 재정노력도(l'effort financier)를 개선하는 데 있다. 앞서도 살펴보았지만, 교부금 체계의 간소화 초기인 2004년 재정법에서는 형평성을 자극하는 연간지급액(les flux annuels)의 증대를 인정하였다. 여기서 핵심적 사항은 각 단계의 지방자치단체들에 형평성의 지속적인 공급을 보장하는 데 있었다. 이러한 것은 경상비교부금 전부의 대량 증가에 비해 덜 신속한 총액 일부의 증가 덕분에 가능해졌고, 매년 차이가 나는 증가액은 형평화를 위해 사용되었다.

| 제 4 장 |

지방분권과 법치주의
- 지방자치단체의 행위의 적법성 통제

Droit de la décentralisation française

★ 제4장 부분은 프랑스 지방분권 개념요소의 중요한 부분인 행정상 후견감독의 구체적 모습인 지방자치단체의 법적 행위의 통제에 관한 연장이다. 또한 프랑스 행정소송 제도에 관한 내용을 상당 부분 포함하고 있다.

지방분권의 양축의 하나인 지방자치단체는 헌법이 보장하는 자유로운 행정을 위한 법적행위를 하게 된다. 지방자치단체의 자유로운 행정은 (단일)국가의 통일성을 유지하는 범위 안에서 국가의 이익을 대표하는 프레페나 부처 장관의 '행정적 통제'가 이루어지는 가운데 헌법적으로 보장된다. 프랑스 공법상 이러한 통제를 행정상 후견(la tutelle aministrative)이라 한다. 그러나 용어 속의 형용사인 '행정적'이란 표현에도 불구하고 행정적 통제는 계서적 감독(le contrôle hiérarchique)이 아니라 행정법원의 사법적 통제를 말한다. 프랑스 공법이론에 의하면, 행정적인 후견은 "법률이 정하는 바에 따라 상위기관이 공공의 이익을 보호를 위한 목적으로 분권화된 소속기관이나 이들의 법적행위에 대해 행사하는 제한된 권한"으로 설명되고 있다(R. Maspetiol · P. Laroque, 30). 제3장에서 검토한 지방자치단체의 자유로운 행정에 관한 내용 중 법치주의와 관련된 내용은 2003년 개정 이전(제72조 제3항)[1] 현행 제72조 제6항의 경우 큰 변화는 없다. 현행 조항은 "공화국 영토 안에서 국가대표, 각 부처의 대표는 국익을 보호하고 행정적 통제를 수행하며 법률을 준수하여야 한다."[2]라고 규정하고 있다.

프랑스와 같은 지역에서 국가의 이익을 대변하는 일반 지방행정관청인 프레페가 존재하지 않는 한국에서는 이른바 '프레페 제소(le déféré préfectoral)'라는 용어가 생소할 수 있다. 하지만 국가이익과 법률에 반하는 지방자치단체의 행위가 행정법원의 사법심사를 통해 적법성 통제를 받는다

1 | "데파트망과 영토에서 정부의 대표자(le délégué du Gouvernement)는 국익을 수호하고 행정적 통제를 수행하며 법률을 준수해야 한다."

2 | "Dans les collectivités territoriales de la République, le représentant de l´Etat, représentant de chacun des membres du Gouvernement, a la charge des intérêts nationaux, du contrôle administratif et du respect des lois."

는 점은, 비록 법제도나 명칭은 다르지만, 우리의 경우도 프랑스와 본질적으로 동일하다고 본다. 프랑스 헌법 제72조 제6항과 지방자치법(CGCT)은 지방자치단체의 행위의 적법성 통제와 관련해서 프레페가 주도적으로 참여하는 '자유로운 행정'의 한계로서 '행정상 통제'[3] 메커니즘을 규정하고 있다. 그리고 행정법관의 사법적 판단에 따라 지방자치단체의 행위의 적법성 여부가 결정된다. 프랑스 행정소송을 대표하는, 우리의 항고소송과 유사한 월권소송(越權訴訟, le recours pour l´excès de pouvoirs)은 지방자치단체의 '자유로운 행정'을 위한 법적행위에도 그대로 적용된다.

프랑스의 경우, 분권화된 지방자치단체의 행위에 대한 행정소송은 주권의 불가분성에서 유래한 단일국가의 법령체계의 통일성을 담보하는 적법성 보장을 위한 독특한 적법성 통제 메커니즘이 제도화되었다. 다만 주의할 점은 통상적인 월권소송과 1982년 지방분권 법률 이후 제도화된 '데페레 프레펙토랄'(이하 프레페 제소) 시스템이 공존하고 있으며, 결코 후자가 전자를 배척하는 제도가 아니라는 점이다. 우리나라의 경우, 지방자치단체에 소재한 지방자치단체의 행정활동에 관한 국가대표라는 조직이 존재하지 않기 때문에 직접적인 시사점의 일정한 제약이 있으나, 지방자치단체의 행위의 사법적 통제는 '자유로운 행정'을 제한하기보다는 지방자치단체로 하여금 적법성의 존중 하에 불필요한 국가의 행정적 관여를 배제할 수 있는 기회를 제공할 수 있다고도 볼 수 있다.

3 | 헌법규정상의 "le controle administratif"는 행정적 통제라고 번역된다. 그렇지만 1982년 지방분권 개혁 이전까지 있어 왔던 1871년, 1884년의 법률이 규정하고 있는 국가대표(프레페)의 사전적인 행정감독 수단으로서의 행사와는 다른, 이른바 프레페의 행정법원에 대한 제소권 행사는 행정적이라는 수식어에도 불구하고 그 성격은 사법적 통제(juridictionnel)라 할 수 있다.

제1절 | 지방자치단체의 행위의 위법성 확인을 위한 월권소송

지방자치단체의 '자유로운 행정'을 위한 다양한 행정작용에 대한 적법성 통제는 1982년 3월 2일의 지방분권에 관한 법률 이후부터 제도화된 지방자치단체의 행위에 대한 행정법원의 사법적 통제이지만, 국익의 수호자인 국가대표의 주도로 월권소송의 방법과 프레페 제소 절차의 형태로 나타난다. 그리고 개인도 꼬뮌과 같은 지방자치단체의 행위로 의해 특별한 권리침해를 당했다고 판단하는 경우에 취소소송을 제기할 수 있고, 프레페에 대하여 프레페 제소 절차를 진행할 것을 요청할 수 있다.[4] 프레페는 지방자치단체의 법적 행위가 위법하다고 판단되는 경우, 일반적인 월권소송을 제기할 수 있다. 그런데 후술하는 제2절의 프레페 제소[5]의 경우도 마찬가지로 프레페가 1심 행정법원 제소함으로써 진행된다. 두 소송 절차가 명칭이나 절차상의 차이에도 불구하고 양자 모두 행정소송법상의 월권소송의 본질을 가지고 있으나, 본질적인 이질성은 없다고 한다.

4 | 지방자치법(CGCT) 법률조항 제2131-8조(꼬뮌), 법률조항 제3132-3조(데파트망), 법률조항 제4142-3조(레지옹).

5 | 1982년 지방분권법에 의해 종전에 인정되어 왔던 행정적 계서적 통제가 사라지고 행정법원에 지방자치단체의 법적 행위에 대한 위법성 판단을 제소하는 사법적 통제로 변모하였다.

1. 월권소송의 특징

행정소송, 특히 우리의 항고소송에 해당하는 월권소송은 다음 세 가지의 기본적인 특징을 가지고 있다. 우선 월권소송은 행위에 대한 객관소송이고, 다음으로 공익적 성격을 가지고 있으며, 세 번째로 공서적 특성(le recours d'ordre public)을 가진다.

1) 행위에 대한 소송

행정소송법의 고전이라 할 라페리에르(laferriere)의 『행정소송법개론』(1896)에 기술된 "행위에 대한 소송(un procès fait à un acte)"은 월권소송의 객관적 성격을 분명히 하고 있다. 그 의미는 법관이 해결할 유일한 질문은 "다투어지는 행위가 적법한가?"에 관한 것이라는 점이다. 이는 원고가 행정청에 대하여 권리를 주장할 수 있는가 또는 행정청이 원고에 대한 의무를 지는가를 인식하는 것이 아니라, 제소된 행정청의 의사결정과 같은 행위의 운명을 결정한다는 것을 뜻한다. 그리고 개별적인 처분을 통해 행정이 침해하고 있는 개인적 이익을 방어하기 위해서가 아니라 적법성을 위해서 제소한다는 특징을 가진다. 법관이 처분의 취소 판결을 내리는 의미에 대해 원고에게 가해진 손해를 전보해야 한다는 것이 아니라 결여된 적법성의 회복을 보장해야 한다는 것을 뜻한다. 만일 원고의 개인적 이익이 만족된다면 전기한 점들은 당연히 따라오는 것이라 할 것이다. 다시 말해, 월권소송에서 행정청은 원고의 상대방 지위라기보다는 행정처분의 적법성의 변호인의 입장에 서게 된다.[6]

2) 공익소송

최고행정법원인 꽁세이데타는 '라모트(lamotte) 부인 판결'(1950년)에서 "월권소송은 명문규정 없이도 법의 일반원칙에 의해 모든 행정결정에 대해 제기할 수 있는 공익적 성격을 가지고 있다."라고 판시하고 있다. 다시 말해, 월권소송은 적법성의 보장을 대상으로 한다는 것을 의미한다. 모든 위법한 행정결정이 법관 앞에 제소되고 심판을 받는다는 것은 공익적이라는 점에서 중요하기 때문이다.

전기한 라모트 부인 판결의 경우, 문제된 1943년 5월 23일 법률에서 비경작 상태이거나 버려진 토지에 대한 제3자에 대한 불하 처분[7]에 관한 프레페의 결정에 대해 어떠한 행정심판이나 사법(司法)법원에 대해 소송을 제기할 수 없음을 규정하고 있지만, 이러한 규정이 결코 프레페의 행정결정에 대한 월권소송을 금지하는 효력을 가지지 않는다고 하였다. 꽁세이데타는 "월권소송은 명문규정이 없더라도(même sans texte)" 존재하는 것이고, "법의 일반원칙에 부합하고 적법성의 보장"을 위한 제도라는 이유로 원고의 청구를 인용하였다. 그리고 이는 법원의 적법성의 통제를 제한하거나 예외를 인정하는 입법에 대한 헌법위원회의 판례[8]에서도 확인되고 있다. 이러한 공익적

6 | 이하 내용은 R. Chapus의 『Droit du contentieux administratif(행정소송법)』(2008) pp. 223-233의 내용을 중심으로 소개하고 있다.

7 | 제2차 세계대전이라는 불안한 상황 하에서 1940년에 제정된 법률은 프레페에게 2년 이상 버려졌거나 비경작 농경지의 일부에 대한 제3자에 대한 불하 결정을 허가할 수 있도록 규정하였다. 그리고 1943년 5월 23일 법률은 프레페의 불하 결정에 대한 이의 신청과 제소를 금지하는 규정을 규정하였다. 자신의 소유지가 전기한 법률에 의해 양도된 원고인 라모트 부인은 프레페의 결정에 대하여 행정법원에 월권소송을 제기하였고, 승소 판결을 받았다. C.E., Ass., 17 février, 1950, Rec., p. 110; J.-C. Ricci, Memento de la jurisprudence administrative, Hachette, Paris, 1988, p. 64.

8 | C.C., 18 septembre 1986, Liberté de Communication, Rec., p. 141; R. Chapus, *op.cit.*, p. 202.

성격은 그 소송의 실행이 간편하다는 점과 법관의 판단이 가능한 한 빠르게 진행되어야 한다는 소송의 특징을 가진다.

3) 공서적 특성

월권소송이 공서(公序)적 성격을 가진다는 뜻은 월권소송을 포기하거나 대세효(une autorité absolue de chose jugée)의 효과를 부인할 수 없다는 것을 뜻한다. 개인의 주관적 권리에 관한 청구의 포기와는 달리 위법한 행정결정의 취소의 청구의 포기는 인정되지 않는다. 주관적 권리에 관한 소송에서는 원고가 청구를 포기하고 상대방이 동의하는 경우에 자신의 청구의 포기를 철회할 수 없지만, 월권소송의 경우, 어떻든 간에 원고는 청구의 포기에 대한 철회로 되돌아올 수 있는 상태가 된다.

2. 프레페 제소와 병존하는 월권소송

헌법 제72조 제6항에 따라 각 지방의 프레페는 1982년 법률로 제도화된 이른바 프레페 제소 절차와는 별도로 지방자치단체의 법적 행위의 위법성을 주장하는 월권소송을 제기할 수 있다.[9] 이에 비해 후술하는 프레페 제소 제도는 지방의 국가대표에 대하여 의무적으로 이송되는 일정한 지방자치단체의 법적 행위에 대한 특별한 보충적 성격의 제도라고 평가하는 입장도 있다

9 | C.E., Sect., 28 février, 1977, Commune du Port, Rec., p. 61.

(J. Bourdon · J.-M. Pontier · J.-C. Ricc, 220). 월권소송의 대상이 될 수 있는 지방자치단체의 모든 행위에 대한 적법성 통제 메커니즘인 월권소송은 일반 행정소송법상의 월권소송에 관한 규정과 동일하게 적용된다. 따라서 원고의 출소 자격과 청구 대상행위의 성질, 그리고 재판 청구 기간에 관한 제소 요건의 특별한 규정을 모두 갖추어야 한다.

1) 소의 이익

객관소송인 월권소송의 소의 이익(l'intérêt à agir)은 주관소송인 완전심리소송에서처럼 쉽게 인식할 수 있는 주관적 권리의 존재보다 넓게 파악된다. 그렇지만 월권소송의 원고는 개별적 이익(l'intérêt personel)을 가져야 한다. 개별적 이익은 재산상, 정신적 혹은 집합적일 수 있다. 그리고 이러한 이익은 적법해야(légitime) 한다.[10]

월권소송을 제기하는 원고의 이익은 취소를 주장하는 계쟁 처분에 의해 직접적으로 침해되어야(directement lésé) 한다. 다만, 이에 대해서 꽁세이데타는 비교적 자유롭게 판단하고 있다.[11] 그렇지만, 원고가 주장하는 이익이 지나치게 일반적인 성질을 갖는다고 인정되는 경우에는 소의 이익이 부정된다. 예를 들면, 국가의 납세자의 자격은 국가의 공공지출의 증가에 관한 조치에 대한 제소의 이익을 부여하지 않는다.[12] 그러나 꽁세이데타는 지방자치

10 | C.E., Sect., 27 février 1985, SA Grand Travaux et Constrcutions Immobilières, Rec., p. 723.

11 | C.E., Ass., 25 janvier 1991, Confédération nationale des associations familliales cactholiques et autres, Rec., p. 30. 동 판결에서 국사원은 낙태용 알약의 상업적 판매의 재개 결정에 의해 가톨릭 가족협회연맹의 이익이 침해되었다고 인정하고 있다.

12 | C.E., 25 juin 1920, Le doussal et Metour, Rec., p. 639; C.E., 23 novembre 1988,

단체의 재정 부담 행위에 대한 지방세 납부자의 소의 이익을 인정하고 있다. 행정법원은 '카사노바(Casanova) 판결'[13]에서 프랑스 영토인 코르스(Corse) 섬의 꼬뮌(Olmeto)의회가 지방자치단체의 예산으로 지역주민들의 무료진료를 담당하는 공중보건의를 설치하도록 한 의결에 대한 월권소송에서 지역 납세자의 소의 이익을 인정하였다.[14] 이는 월권소송의 소의 이익을 부인했던 이전의 판례와는 다르게 소의 이익의 개념을 확장하여 해석하였다고 평가되고 있다.

2) 월권소송의 대상

지방자치단체의 행위에 대한 월권소송의 경우도 통상적인 월권소송의 경우가 차이가 없다고 설명된다. 일반적으로 월권소송은 다툼이 있는 행정행위의 취소를 위해 제기된다. 취소소송의 대상행위는 현행 우리 행정소송법상의 처분 개념에 해당하는 행위(l'acte fasiant grief)[15]로서의 성질을 갖추고 있어야 가능하다.

Dumont, Rec., p. 418.

13 | C.E., 29 mars 1901, Casanova, Rec., p. 333.: Olmeto(꼬뮌)의회의 의결과 국가대표의 승인과 규칙(arrêté) 공포에 대해 M. Casanova, 지역 내의 개원 의사인 M. Canazzi 등이 공중의(公衆醫) 급여를 지급하기 위해 납세 의무를 부담 지우는 의회의 의결은 무효라고 월권소송을 제기하였다.

14 | 일본의 헌법학자 스키하라 야쓰오 교수는 카사노바(Casanova) 판결을 지방자치의 본질과 관련하여 주민자치설의 논거로 언급하고 있다. 그러나 동 판결과 주민자치는 별 상관이 없어 보인다. 다만 원고 적격의 확대와 관련하여 납세자인 지역주민의 지방자치단체의 재정 행위에 대한 감시수단으로서 도입된 주민소송(지방자치법 제17조)의 원고 적격과 관련되어 시사점을 갖는다고 평가할 수 있다고 생각한다.

15 | 'grief'는 소의 이익을 논하는 데 있어 원고의 제소에 기초가 되는 불이익으로 설명된다. 특히 행정소송의 경우, 월권소송을 제기하는 불이익을 발생하는 행정주체의 결정이 집행력을 가지고(décision exécutoire) 원고의 이익을 침해한다는 월권소송의 대상이 되는 행위라는 의미로 해석된다.

월권소송은 행정청의 일방적 행위에 대해서만[16] 제소가 가능한데, 그 형식(문서이든 구두이든)이 결정적 기준은 되지 않지만, 양자 모두 동일한 실체적 기반을 구비하고 있어야 한다. 또한 행정청이 사인의 신청이 있은 날로부터 2개월 동안 침묵하면서 수리하지 않는 경우에는 묵시적인 거부결정(une décision implicite de rejet)으로 본다. 또한 행정의 상대방(les administres)의 권리와 의무에 대해 일정한 사항을 부과하거나 침탈하는 행위만이 이른바 제소 가능한(l'acte fasiant grief) 행위가 될 수 있다.

월권소송의 대상은 법 효과를 발생하는 행위라야만 한다. 행정청의 견해 표명(l'avis)과 같이 일정한 준비행위 성격을 가지거나 하나의 절차 속에 포함되는 행위는 월권소송의 대상행위가 되지 못한다. 그리고 우리의 행정규칙 중 법규성을 가지지 못하는 협의의 행정규칙에 비교되는, 이른바 해석적 성격의 시큘래흐(circulaire, 우리의 행정규칙인 훈령과 비교될 수 있다)와 같은 행정 내부의 조치도 월권소송의 대상이 될 수 없다. 다만, 법규적 성격을 갖는 일부 시큘래흐에 대한 월권소송은 판례를 통해 인정되고 있다.

3) 제소기간

일반적으로 행정행위의 취소를 구하는 월권소송의 기간은 행정행위의 통지나 공고가 있은 날로부터 2개월이다. 2개월의 기간은 법관과 당사자 모두에게 요구되는 강행규정이다. 제소기간이 지켜지지 않은 경우에는 원고의

16 | les actes des diverses autorités administratives, 다만 프랑스 행정소송법상 우리의 취소소송의 대상에 관한 행정소송법 제19조의 규정은 없다.

청구는 각하된다. 명령적 행위의 경우 관보(le Journal officiel)나 지방자치단체의 공보집(le Recueil), 일정한 경우에는 청사의 게시판을 통해 이루어진다. 반면에 개별적 행위의 경우 행정청의 공무원에 의한 송달 혹은 수령확인 등기우편과 같이 행위의 상대방에 대한 통지가 있어야 한다. 제3자에 대해서는 공고가 있어야 하는데, 건축허가와 같은 경우는 게시판에 게시하는 형식을 갖추어야 한다.

지방자치단체의 행위인 지방의회의 의결(la déliberation)에 대하여도 그 통지나 공고가 있은 후 2개월의 제소기간 내에 1심행정법원에 제소할 수 있다. 원칙적으로 2개월의 제소기간은 이해당사자가 다툼이 있는 지방의회 의결이 있음을 안 날부터 진행한 경우를 의미한다. 그렇지만 지방의회 의원이 당해 의결이 채택된 회기에 참석한 경우에는 적용되지 않는다. 당해 의결이 있었던 지방의회 회의 시부터 이미 알 수 있는 상태에 있기 때문이다. 기간의 계산은 초일불산입 원칙에 따라, 지방자치단체의 행위의 경우 그 통지나 공고가 있은 날 다음 날부터 계산하여 만기일 전날 24시까지로 하며, 만기일 중의 제소는 적법하다.[17]

4) 프레페의 제소

지방자치단체의 행위에 대한 헌법상의 지방자치단체의 자유로운 행정의 한계인 적법성 통제 메커니즘으로서의 월권소송은 프레페에 대해서만 인정

17 | 예를 들어, 2012년 11월 24일 행정행위가 통지된 경우에 기간의 개시는 11월 25일 0시부터 진행하며, 2013년 1월 24일 24시에 기간이 만료한다. 그리고 1월 25일 24시간 동안은 원고는 제소할 수 있지만 현실적으로 25일의 행정법원의 근무시간까지 제소해야 한다.

된다. 아래의 프레페 제소가 수-프레페(le sous-préfet)를 통해서도 할 수 있는 것과 구별되는 특징을 가진다. 따라서 소장에는 반드시 프레페의 서명이 있어야 한다. 그리고 앞서 본 것처럼 통상의 월권소송과 프레페 제소에 의한 월권소송은 그 성격이 본질적으로 차이가 없기 때문에 법원에 제출된 월권소송의 대상이 된 지방자치단체의 행위가 의무적으로 프레페에게 이송되어야 하는 행위인 경우에는 행정판사는 이를 통상의 월권소송 절차에 따라 처리하고 있다.

3. 프레페 제소의 절차

행정법원은 지방자치단체의 행위의 적법성 통제와 관련해서 위의 월권소송 외에도 1982년 3월 2일 법률에서 제도화된 프레페 제소와 개인(un particulier)의 신청에 의한 데페레 제소를 인정하고 있다.

1) 프레페 제소

지방분권에 관한 1982년 3월 2일 법률(1982년 7월 22일 법률에 의해 개정)은 지방자치단체와 그 영조물법인의 행위의 적법성 통제에 관한 새로운 메커니즘을 제도화하였다. 지방자치법에서는 꼬뮌(법률조항 제2131-6조), 데파트망(법률조항 제3132-1조), 레지옹(법률조항 제4142-1조) 부분에서 규정하고 있다.

(1) 성격

프레페 제소 제도는 월권소송과 본질적으로 다르지 않지만, 1982년 3월 2일 법률에 특별히 규정되었다는 것만으로 본다면 통상적인 월권소송과 구별되는 별도의 분권화된 지방자치단체의 행위의 적법성 통제수단으로 볼 수 있다.

앞서 본 것처럼 양자가 같은 성격을 가지므로, 월권소송에 통상적으로 적용되는 소송규칙들이 프레페 제소에 대해서도 동일하게 적용된다. 재판 진행의 절차, 수소(受訴)요건, 소송의 개시 등에 있어 양자의 차이는 없다. 다만, 1982년 법률 제3조와 제4조(현행 CGCT, 법률조항 제2131-6조, 법률조항 제2131-8조)와 같이 프레페에게 제소를 요구하는 경우(후술하는 '2) 신청에 의한 데페레' 참고)와 같은 특별규정의 예외가 있다.

(2) 프레페 제소의 대상

지방자치단체의 행위는 프레페에게 이송되는 동시에 자동적으로 집행적 효력(exécutoire de plein droit)을 가진다. 프레페 제소의 대상이 되는 지방자치단체의 법적행위는 어떤 것이 있는가에 대하여 아래와 같이 규정하고 있다(법률조항 제2131-2조, 법률조항 제3131-2조, 법률조항 제4141-2조 및 법률조항 제5211-4조에서는 꼬뮌의 행정법원에 의한 통제에 적용되는 법령은 꼬뮌협력체[영조물법인]에도 적용이 있음을 규정한다).

지방자치단체의 행위 중에서 국가대표인 프레페에게 이송되어야 하는 행위는 다음과 같다.

① 지방의회의 의결(la délibération)

② 지방의회의 위임에 의해 내려진 결정(la décision)

③ 경찰권한에 관한 꼬뮌의 단체장의 규칙 제정이나 개별적인 처분이나

데파트망의 단체장(le président du Conseil général)이 제정하는 데파트망에 속한 재산의 관리에 관한 규칙 제정이나 처분

④ 꼬뮌, 데파트망, 레지옹의 행정기관이 취한 명령행위(l'acte à caractère réglementaire)

⑤ 공공계약(les marchés)이나 공채(les emprunts)에 관한 협약(les conventions)과 상공업적 성격을 갖는 지방 공공서비스의 특허(la concession) 또는 관리계약(l'affermage)[18]에 관한 협약

⑥ 지방 공무원의 임명, 승진, 징계 및 해임에 관한 개별 결정(처분)

(3) 집행정지

프레페가 지방자치단체가 이송한 행위의 효력에 대한 집행정지를 신청하는 경우, 지방자치단체의 행위의 위법성에 관한 '중대한 의심(un doute sérieux)'이 있어야 한다. 이는 긴급가처분에 관한 2000년 6월 30일 법률에서 '중대한 주장(le moyen sérieux)'의 존재가 있어야 한다는 긴급심리절차 요건으로 이어지고 있다. 꽁세이데타는 이와 같은 "예외적 집행정지제도는 의무적 이송의 대상이 되는 지방자치단체의 행위이든 그렇지 않든 간에 모든 경우에 유효하다."라고 판시하고 있다.

18 | 'l'affermage'는 수익적 공공시설의 관리위탁 계약으로 소개되기도 한다(강운산, 「프랑스 행정법상의 '공역무위임'에 관한 연구 –PFI 제도를 중심으로」, 『법제』, 2003. 11., pp. 9–11). 강운산 박사의 설명은 행정계약법제를 잘 설명하고 있는 파리1대학의 L. Richer의 『행정계약법(Droit des contrats administratifs)』(3e édition, LGDJ, 2002, Paris, p. 426 이하)의 내용과 같은데, 'la concession'은 민간 사업자가 일정한 건물이나 시설의 설치를 한 다음에 그 이용자로부터 요금을 징수하여 사업을 수행하는 데 비해, 'l'affermage'의 경우는 오로지 공공서비스의 만능 목적으로 하고 시설의 설치나 제공의 필요는 없다고 하는 점에서 행정계약의 형식임에도 불구하고 양자는 차이가 있다는 것이다(강운산, 전게 논문, p. 9).

한편 1995년 2월 4일 제정된 국토정비 및 개발에 관한 법률이 시행된 이후로 프레페 제소 절차에 따른 도시계획(l'urbanisme) 분야와 공공계약 및 공공서비스의 위임(la délégation de service public)에 관한 프레페의 집행정지 신청은 통상적인 2개월의 기간보다 단기인 1개월의 집행정지로 축소되었다. 프레페는 전기한 분야의 지방자치단체의 행위에 대한 서류가 이송되어 접수한 날로부터 10일 이내에 집행정지 신청만으로 행정법원에서 집행정지에 관한 결정이 있기까지 혹은 프레페의 데페레 행위의 접수로부터 단기인 1개월의 제척 기간 동안 지방자치단체의 처분에 대한 집행정지의 효력을 가질 수 있게 되었다.

2) 신청에 의한 데페레

지방자치법 법률조항 제2131-8조, 법률조항 제3123-3조, 법률조항 제4142-3조의 규정에 따르면, 지방자치단체의 행위에 의해 침해를 받은 자연인 혹은 법인은 그 행위가 프레페에게 의무적으로 이송되는 행위이든 그렇지 않든 간에 프레페가 행정법원에 제소하도록 신청할 수 있다.

(1) 특수한 프레페 제소 절차

신청에 따른 데페레(le déféré sur la demande) 절차는 기본적으로 프레페 제소 절차임에는 분명하지만, 지방자치단체의 행위로 인해 자신의 권리침해를 주장하는 사인이나 법인으로서는 월권소송을 제기하지 않아도 된다는 장점이 있다. 그리고 청구인들은 프레페가 집행정지가 수반된 데페레 절차를 진행하는 경우, 집행정지의 효력을 함께 주장할 수 있다.

(2) 프레페의 제소 거부[19]에 대한 월권소송 제기 가능성

프랑스 헌법위원회는 1982년 3월 2일의 지방분권법 위헌판결에서 "지방자치단체의 법적행위의 집행적 성질(le caractère exécutoire)은 헌법 제72조 제3항에서 명시된 국가의 우선적 지위를 제한할 수 없으며, 국가대표가 제소하는 행정법원의 사법적 통제 하에 두어야 한다."라고 판시하고 있다.[20]

만일 지방자치단체의 행위의 적법성 통제, 다시 말해 프레페의 행정법원의 법관에 대한 제소 행위가 의무가 아니고 국가대표의 단순한 권한이라면 프레페의 제소 거부는 행정소송의 대상이 된다. 그러나 국사원은 '꼬뮌 포르(Commune de Port) 판결'[21]에서 지방자치단체의 행위에 대한 행정법원에의 제소는 국가대표가 가지는 권한(une faculté)이며, 프레페의 제소 거부는 월권소송의 대상 처분이 아님을 명시적으로 재차 언급하고 있다.

19 | 프랑스 지방분권론에 기초한다면 프레페 제소 절차상의 제소의 기속적 성격 여부에 대한 부정적 해석은 우리 지방자치법 제159조 제3항과 제4항의 해석에 시사점을 찾을 수 있다고 생각한다. 지방자치법상의 후견 당국(국가 또는 상급 지방자치단체)의 피후견 지방자치단체에 대한 감독 소송인 지방자치법 제172조 제3항의 후견적 감독 소송의 성질을 갖는 기관소송의 전단계인 지방의회의 의결에 대한 재의결 요구 지시에 불응하는 경우에 감독청이 피후견 지방자치단체의 장을 상대로 직접 조례안 의결의 효력이나 부존재확인소송을 제기할 수 있는가에 대해 대법원은 부정적으로 판단한다(대판 1999. 10. 22., 99추54).

20 | C.C., déc., n°82-137 DC du février 1982, Rec., p. 38.

21 | C.E., Sect., 28 février 1997, Commune de Port, Rec., p. 61.

제2절 | 자유로운 행정과 긴급가처분

프랑스 헌법이 보장하는 지방자치단체의 자유로운 행정(libre administration)의 실체가 과연 지방분권의 구체적 당사자인 공법인으로 존재하는 지방자치단체가 향유하는 구체적인 기본적 자유인가에 대해 의문이 들 수 있다. 꽁세이데타는 꼬뮌의 단체장이 제기한 기본권 보장 긴급가처분 결정에서 지방자치단체의 자유로운 행정은 입법자가 법적으로 보호하려는 기본적 자유(une liberté fondamentale) 중의 하나라고 판단하였다.

1. 꼬뮌 브넬(Venelle) 판결

1) 사건의 개요

프랑스 남부의 인구 7,500명의 작은 꼬뮌인 브넬(Venelle) 의회는 의원들의 견해가 서로 상반되는 경우가 빈번했고, 단체장은 소수파에 속했다. 당해 꼬뮌이 속했던 특별지방자치단체인 꼬뮌공동체(Communaté des communes)에서 다른 특별지방자치단체(Communauté aggromération)로 지위를 변경하는 과정에서 의회 다수파는 단체장이 더 이상 꼬뮌을 대표하지 않기를 원했고, 회의를 소집하여 꼬뮌의 대표자를 교체하려고 하였다. 그런데 지방자치법 법률조항 제2121-10조에 따라 의회의 소집 내지는 의사 일정 상정에 관한 권한을 가진 시장은 이를 거절하였다. 그러자 일부 의원은 지방자치법(CGCT) 법률조항 제2121-9조 규정에 의거하여 의원 1/3 이상의 요구로 30일 이내에 의회 소집을 해야 하는 재청구를 하였고, 시장은 역시 이를 거부하면서 2000년 6월 30일 법률로 신설된 기본권 보장 긴급가처분(le référé-liberté)을 신청하였다.

꽁세이데타는 "헌법 제72조가 규정하는 지방자치단체의 자유로운 행정은 입법자가 특별한 사법상 보호를 인정하는 기본적 자유들 가운데 있다."라고 함으로써 가처분의 제소 요건을 갖추고 있다고 판시하였다. 그렇지만 구체적인 사안과 관련해 가처분 신청인의 주장은 지방자치단체 내부관계에 관한 것에 불과하므로 헌법이 보장하는 지방자치단체의 자유로운 행정에 관한 것이라 보기 어렵다고 판시하여 신청인의 주장을 기각하였다.

2) 판결이 갖는 의미 – 지방자치단체의 '자유로운 행정'에 대한 해석

위의 '꼬뮌 브넬' 판결은 헌법상 규정된 지방자치단체의 자유로운 행정의 의미에 대해 기본권 보장 가처분 요건에 규정된 기본적 자유에 해당한다고 하였다. 하지만 개인이 아니라 지방자치단체와 같은 공법인의 경우에도 타당하다고 볼 수 있는가 하는 의문이 있는데, 이는 지방자치단체의 자유로운 행정이 기본적 권리인가 하는 것과 관련이 있다.

한국의 지방자치의 개념과 비교될 수 있는 지방자치단체의 '자유로운 행정'이 가지는 의미는 일의적이지 않다. 프랑스 헌법위원회는 코르스(Corse)

판결(1979년)[22]에서 처음으로 '자유로운 행정'의 헌법적 가치에 대해 언급한 바 있다. 그 뒤 지방공무원법 판결(1984년)[23]을 통해 입법자가 '자유로운 행정'의 가치를 존중하지 않은 당해 법률규정은 헌법에 위반된다는 판결을 하고 있다. 지방자치단체의 자유로운 행정은 지방자치단체가 대표하는 인간조직과 공동체에 속한 자유(la liberté)라고 설명하는 견해도 있다.[24] 지방자치단체의 자유로운 행정은 프랑스 헌법위원회의 위헌법률심사 기준인 적헌성 블록의 기준으로서 인정되고 있다.

하지만 기본적 자유로서 지방자치단체의 자유로운 행정을 포함한다고 단언하는 것은 제1장에서 논의했던 프랑스 지방분권 이론과 관련하여 혼동을 가져올 수 있다. 전통적으로 단일국가에서의 주권의 불가분성에 따른 입법권의 국가독점이라는 논리에 따르면, 지방자치단체의 자유로운 행정을 위한 구체적 의사결정(개별 · 구체적 또는 추상적 · 일반적이든 간에)은 법률의 테두리에서 이루어져야 한다고 본다. 따라서 자유로운 행정에 대한 내용은 입법자의 입법형성에 관한 문제이기도 하지만, 헌법 제1조에서 규정한 바와 같이 단일국가의 분권화된 국가의 조직 원리에 대한 접근이 더 우선되어야 할 것으로 보인다. 국가조직의 구성 원리인 지방분권은 국가와 지방자치단체의 기능배분이라는 헌법적 가치를 갖는 원칙으로 볼 수 있으며, 지방자치단체의 자유로운 행정에 해당하는 지방자치의 내용에 관한 것으로 접근해야 한다.

22 | C.C., n°79-104 DC, 23 mai 1979, Rec., p. 27.

23 | C.C., n°83-168 DC, 20 janvier 1984, Rec., p. 38.

24 | C. Bocoyannis, "Le principe constitutionnel de libre administration des collectivités territoriales", Economica-PUAM, Paris, 1993, p. 128. 보코야니스(Bocoyannis) 교수는 '자유로운 행정'은 하나의 자유이지만 지방분권(la décentralisation)은 행정 조직 원리에 불과하며 양자는 서로 다른 것이라고 설명한다.

프랑스 공법이론상 지방분권은 행정상 분권을 의미하므로 행정조직상의 분권원칙에 불과하다는 소극적 해석도 가능하다. 그러나 행정적(administrative)이란 뜻은 지방분권이 갖는 의미가 정치적 의미, 즉 지방자치단체의 명령제정권이 앙리옹 팡세이(H. de Pensey)가 주장했던 이른바 지방권력론(le pouvoir municipal)에서 비롯한 국가입법권과 독립적인 자주적 입법권이 아니라는 점을 뜻한다고 파악하는 것이 타당하다.

2. 기본권 보장 긴급가처분

앞서 검토한 지방자치단체의 자유로운 행정이 기본적 자유에 해당한다는 '꼬뮌 브넬(Venelle)' 판결은 2000년 6월 30일 법률에 의해 신설된 기본권 보장[25] 긴급가처분(Refere-liberte)에 관한 첫 판결이라는 점에서도 의의가 있다. 행정작용에 기인한 국민의 자유권의 보호는 본질적이라 할 수 있고, 2000년 6월 30일 법률은 새로운 긴급심리 절차인 기본권 보장 긴급심리를 신설하였다. 긴급한 상황이 인정되는 신청에 대해 긴급가처분 판사(le juge de référé)는 공법인, 공공서비스를 수행하는 사법상 기관이 권한 행사 과정

25 | 이현수 교수는 기본적 자유 보전을 위한 급속심리로 번역하고 있다(이현수, 「프랑스 행정소송법상 가구제절차의 개혁」, 『공법학연구』 제5권 제1호, 한국비교공법학회, 2004, pp. 387-404). 페이제(G. Peiser) 교수의 Memento 시리즈의 행정소송법(pp. 170-171)과 법률규정을 요약해 보면, 소원심사형 가구제(긴급)심리는 긴급 상황이 인정되고, 행정작용과 관련하여 공법상 법인 내지는 공공서비스를 수행하는 사법상 기관(l'organisme)의 권한 행사(l'exercice d'un des ses pouvoirs)에 있어서 중대하고 명백한 침해가 있는 경우에 시민의 기본권(la liberté fondamentale) 보호를 위한 필요한 모든 조치를 48시간 이내에 결정해야 하는 긴급심리 제도를 말한다(CJA, 법률조항 제521-2조).

에서 침해할 수 있는 기본적 자유에 대한 중대하고 명백한 침해에 대한 모든 필요한 조치를 명할 수 있다. 기본권 보장 긴급가처분 신청을 위해서는 다음과 같은 사항이 구비되어야 한다.

1) 기본적 자유[26]의 침해

기본적 자유가 무엇인가에 대해 법에서 명시적 규정을 두고 있지 않다. 기본권 보장 긴급가처분의 요건은 기본적 자유의 침해인데, 정작 프랑스에서는 기본적 자유에 대한 학자들 간의 의견이 통일되어 있지 않은 상황이고, 따라서 꽁세이데타의 판결에 주목이 집중되지 않을 수 없다. 브넬 판결은 기본권 보장 긴급가처분에 관한 첫 번째 판결이라는 점과 자연인인 개인뿐 아니라 법인(동 판결에서는 지방자치단체인 공법인)도 기본적 자유의 침해의 대상이 됨을 밝히고 있다는 점에 의의가 있다. 그리고 동 판결에서 꽁세이데타는 지방자치단체의 '자유로운 행정'이 기본권 보장 긴급가처분에서 보호되는 기본적 자유의 내용 중 하나라고 밝히고 있다. 긴급가처분을 통해 인정하는 기본적 자유의 침해의 예와 관련하여 꽁세이데타는 여권 발급의 거부는 왕래의 자유에 대한 침해가 되고(C.E., 9 janvier 2001, 더페르테[Deperthes] 판결), 사상과 의견 표명의 다원성(C.E., 24 février 2001, 티베리[Tiberi] 판결)을 들고 있다.

26 | 'la liberté fondamentale'을 기본권으로 번역하지 않고 단어 의미에 더 충실하여 '기본적 자유'라고 번역하였다. 독일의 'Grundrecht(기본권)'라는 용어는 유럽인권협약 이후에 프랑스 공법학에서도 사용하기 시작했다. 헌법상 보호되는 기본권(Grundsrechts)의 불어 표현인 'Droits fondamentaux' 개념은 아직도 프랑스에서는 정착화된 다수설이라고 보기는 어렵다(J.-M. Pontier, Droits fondamentaux et libertés publiques, 2e édition, Hachette, Paris, 2004, p. 3).

2) 중대하고 명시적으로 위법한 침해

모든 기본적 자유의 침해가 긴급심리 신청의 대상이 되는 것은 아니다. 기본적 자유의 침해에 더하여 중대하고 명백히 위법해야 한다는 것이 인정되어야 한다. 결국 긴급가처분 판사는 행정청의 침해 행위의 중요성을 고려하게 된다. 실제로 앞의 기본적 자유의 영역에 관한 판단은 그리 어렵지 않으며 오히려 어떤 침해가 중대한 침해인가를 용이하게 판별하기란 어려운 과제라 할 수 있다. 특히 명시적으로 위법하다는 의미는 깊이 있는 검토 없이도 드러나는 점을 말한다.

3) 행정청의 권한 행사 과정에서 발생한 침해의 긴급성

긴급심리절차의 기본적 요소인 긴급성은 기본권 보장 긴급가처분의 기본적 요구사항이라 할 수 있다. 그리고 임시정지에 관한 긴급심리보다도 더 엄격하게 해석되고 있다. 왜냐하면, 행정법원법(CJA, 법률조항 제521-2조)의 법문에서처럼 긴급심리 법관은 필요한 모든 조치를 취할 수 있고, 48시간 이내에 결정을 내려야 하기 때문이다.

행정청이 명백하게 자신의 권한에 속하지 않은 권한을 행사하거나 중대한 위법성이 있는 조치를 강제하고 있고, 사인에 대한 소유권이나 기본적 자유에 대한 침해를 가져오는 경우에 행정법원이 아닌 사법법원에서 재판권을 행사하는 경우가 있는데, 이를 행정상 탈법 행위(le voie de fait)라 한다. 이 경우, 행정법원의 관할권이 배제되지는 않지만 손해배상책임의 인정이나 가처분, 금지 명령(l'injonction)이나 이행배상금(l'astreinte)은 사법법원의 전속 관할이라는 점에서 행정법원과의 갈등의 소지를 가지고 있었다. 전기한 바와 같이 행정소송에 관한 2000년 법률에 따라 기본권 보장 긴급가처분 법관에게 민사법관에 버금가는 권한을 인정함으로써 행정법원의 권한이 대폭 확대되었다.

| 제 5 장 |

지방의 역량강화와 지방행정제도 개혁

프랑스에서는 1960년대의 도시화 현상과 1970년대의 경제위기 극복 과정에서 생산시스템의 현대화와 함께 지역개발과 혁신정책의 변화가 나타났다.[1] 1980년대 이후 도시에서의 서비스업의 비중이 증가하고 세계화 조류가 확대되었고, 1990년대 이후 유럽연합 회원국 간의 국경의 철폐와 자유경쟁 및 재화와 서비스의 자유로운 이동에 따라 국가의 발전과 지역 간 연대를 위한 국가정책의 변화가 나타나고 있다. 이러한 국가 간, 그리고 한 국가 내의 지역 간의 경쟁이 치열해짐에 따라 지역단위의 경쟁력 강화는 그 지역의 생존에 직결된 문제로 인식되고 있다. 따라서 지방분권화의 가속화에도 불구하고 낙후된 지역단위는 경쟁력을 견인하지 못한다는 현실적인 문제가 제기되었다. 이러한 이유로 인해 지역경쟁력 강화 전략의 수립과 함께 지역혁신정책을 위한 법제도의 구체적 방식에 대해 관심이 증가하였다.[2] 이 같은 변화는 종래 프랑스 정부가 진행해 왔던 중앙의 일방적 의사결정인 법률이나 명령에 의한 정책 추진을 보완하는 계획화 현상과 계약적 방식의 연계와 더불어 효율적인 지방행정제도의 근본적 변경을 가져왔다.

1 | 전현중, 「프랑스의 지역혁신 전략」, 2003년 추계 학술발표회, 한국프랑스학회, 2003. 10., p. 121.

2 | 최유진 · 홍준형, 「통합시의 유형화에 관한 연구: 지역경쟁력의 관점에서」, 2004년 하계학술발표회 및 제13회 한 · 일 지방자치 국제세미나, 한국지방자치학회, 2004, p. 991.

제1절 | 지역개발과 계획계약

1. 지방의 혁신과 발전

1) 지역혁신 정책과 지방의 경쟁력

프랑스의 지역혁신 정책의 흐름은 종래 중앙이 이니셔티브를 가지는 균형적인 지역개발을 추진하는 것에서 출발하여 열위지역 내에서 혁신을 통한 지역발전의 새로운, 또한 지속적인 성장(le développement durable)의 동력을 창출함으로써 유럽이라는 전체 시장에서의 각 지역 혹은 도시의 경쟁력을 강화하고 경제적 발전을 도모하고자 하는 것이라는 점에서 우리와 상당히 유사한 문제의식 및 목적을 가질 수 있다.

프랑스에서의 지역경쟁력은 국제경쟁력 강화에 초점이 맞추어져 중앙정부가 관리해야 할 문제로 인식되어 왔다. 프랑스에서의 지역발전은 지난 20년간 중요성이 확대되어 왔으며 지방의 참여에 대한 사회적 환경의 타당성이 점차 인정되어 왔다. 이를 시기적으로 나누어 보면, 지역과 지방의 영역은 인정하지만 아무런 의사결정권이 주어지지 않는 자원동원(la mobilisation)[3]

3 | Xavier Greffe, 「지방 발전에서 지역 고용으로: 프랑스 사례」, 『국제노동브리프』, 한국노동연구원,

의 첫 번째 시기와 중앙정부가 제도 및 의사결정 과정에서 지역과 지방의 담당자들의 역할을 인정한 두 번째 시기로 구별해 볼 수 있다. 그리고 계획계약 체제는 이러한 계획화의 의사결정 과정에서의 국가와 지방자치단체의 관계 설정의 계약화에 대한 법제적 기반을 제공하였다. 그리고 지역개발과 발전을 위한 부처간 위원회(CIADT)는 국제무역환경의 변화와 R&D에 바탕을 둔 대규모 산업정책을 도입하기로 2002년 12월 13일 발표하였다.[4] 이에 따라서 국가경쟁력 강화의 핵심으로 경쟁력거점도시 정책이 도입되었다.

2) 지역발전 정책의 패러다임

프랑스에서의 지역경쟁력 강화 방안은 지역의 국제화를 강조하면서 수도권과 지역도시 간의 제휴를 통한 경제발전 전략이 지지를 받고 있다. 이러한 전략은 지역 차원에서 직접 유럽시장에 접근하기 위한 중심형 지역(une régions métropoles)의 육성과 맞물려 있다. 그리고 1963년에 창설되어 2005년 12월 31일 DIACT로 확대 개편된 국토개발 및 지역발전기획단(DATAR)[5]이 그 중추적 역할을 수행하고 있다.

구체적으로 프랑스에서의 지역개발을 통한 경쟁력 강화의 정책의 전개 과정을 살펴보면, 1964년부터 수도권 규제와 지역 불균형 완화를 위한 지방

2005, p. 3.

4 | 매력적인 프랑스의 건설, 미래변화에 대한 정확한 예측 · 대비와 진정한 연대를 목표로 하는 국가의 비전이 제시되었다.

5 | 프랑스의 경우, 균형개발을 통한 국가경쟁력의 강화의 차원에서 중심으로 이미 1960년대부터 국토개발 및 지역발전 기획단(DATAR: Délégation à l´aménagement du territoire et à l´action régionale)을 중심으로 추진되었다.

이전 정책(la délocalisation)과 균형도시(le métropole équilibre) 정책이 추진되었고, 1969년부터는 테크노폴(technopôle) 정책을 추진하여 파리에서 이전해 오는 대학, 기업들을 집적시켜 지역혁신거점으로 육성하였다. 그리고 1973년부터 1990년까지는 기존의 중앙이 주도하는 일방적인 지역개발 정책의 비효율성이 나타나면서 정치 · 경제적 상황의 변화에 따른 개혁이 요청되는 시기였다. 특히 1982년 이후 전개된 지방분권화(décentralisation territoriale)와 계획체제의 구축(국가계획-레지옹계획과 이를 연결하는 계획계약, CPER)[6]을 통해 지역개발을 위한 추진 방식의 변화가 이루어졌다. 1990년대부터는 유럽의 통합을 앞두고 파리(Paris)를 유럽의 중심도시로 건설하기 위한 수도권의 규제 완화를 하고, 아울러 2000년 이후로는 국토의 경쟁력의 제고와 세계화 등에 따른 경제변화에 효율적으로 대처하기 위해 산업경쟁력을 강화하고 국토발전의 통합적 전략을 추진하고 있다.[7]

프랑스의 지역발전 정책을 분석해 본다면, 프랑스에서 지역 혹은 지방 차원의 자원 동원은 지역에 대한 전략적 관리의 필요에 의해 요청되었다. 다만 구체적 방법에 있어 과거에는 중앙정부는 지역 간 불균형 발전을 위한 해결 방식으로 고속도로, 초고속열차 등의 건설, 공기업의 이전, 조세 감면을 통한 지역발전, 재정지원 등의 집권(la centralisation)에 의한 일방적 의사결정과 효율성을 내세운 집중화된 수단들이 동원되었다. 그러나 이러한 조치의 기대효과는 별로 나타나지 않았고, 오히려 지역 간 경제발전과 고용 간의 지

6 | 계획계약의 특성과 도입 배경에 관한 상세한 내용은 아래를 참조하기 바란다.
전훈, 「프랑스 계획계약과 유럽연합」, 2006년 한국유럽학회 춘계학술대회 -유럽의 현재와 국제협력의 과제, 2006. 2. 24., pp. 79-83; 배준구, 『프랑스의 지방분권』, 금정, 부산, 2004, pp. 285-341.

7 | 한승준, 「프랑스의 공공기관 지방이전 정책」, 『지방정부연구』 제9권 제4호, 한국지방정부학회, 2006. 2., p. 175.

역격차는 더 벌어지거나 여전하였다. 이에 대해 프랑스 정부도 1980년대 초반부터 이러한 실패를 인정하였고, 이후 지역의 활성화를 위해 지방분권의 활성화와 함께 지방자치단체들의 지역발전 구상 수립의 방향으로 정책을 수정하게 되었다. 그리고 지역발전은 각 지역의 경쟁우위에 대한 전략계획의 수립의 중요성이 부각되었고 각 지역의 특성과 필요의 차이를 파악하는 연구가 진행되었다.

2. 지역발전과 경쟁력 강화

프랑스에서 지역의 균형발전은 곧바로 균형적인 국가발전으로 연결되며 국가발전과 지역발전은 상호 보완적 개념으로 이해된다. 그리고 지역발전은 지방분권과 혁신의 측면에서 공공기관 이전 정책(l'implantation territoriale des emplois publics)과 병행하여 추진되어 왔다. 이러한 국가주도형 지역발전(혁신) 정책의 전개는 현재 참여정부가 추진하는 지역혁신 프로그램과 많은 유사점을 가지지만 지방자치단체의 협력의 관점에서는 우리의 경우와는 차이를 가진다고 할 수 있다.

1) 국가주도형 지역혁신 모델과 지방자치단체의 참여

지방이전(la délocalisation) 측면에서 지역 내의 자체적 성장 동력의 형성이라는 산업분산화 정책에서 산업전환정책(la mutation industrielle) 및 기업지구, 보조금과 기금정책과 함께 추진되었다. 그리고 우리와 프랑스의 지역

개발 기법에 차이가 있다면, 후자의 경우 지방분권의 관점에서 분권화된 계획을 의미하는 계획계약과 병행하여 추진되었다는 점을 들 수 있다.

프랑스의 경우, 지방분권이 본격적으로 추진된 1980년대부터 추진된 지역발전 프로그램으로 지역경제발전계획(le Schéma régional de développement économique)을 들 수 있다. 지역혁신 체계의 유형은 대상지역의 범위, 특성화 분야, 혁신 주체에 따라 구분되는데, ① 신도시개발형(파리 남부 근교의 Evry 시), ② 사이언스 파크형(소피아 앙티폴리스), ③ 연구 클러스터(파리 근교의 호켕쿠르[Rocquencourt] 연구단지), ④ 국제비즈니스 클러스터형(라데팡스[La Défence] 첨단신도시)과 같은 다양한 지역혁신 유형이 나타나고 있다(전현중, 123-132). 그리고 2004년 12월에는 경쟁거점지구(le pôle de compétivitié) 전략을 통해 지역혁신과 지역산업경쟁력의 강화를 강하게 추진하고 있다. 위와 같은 프랑스 사례는 우리와 마찬가지로 국가가 주도하는 모델이라 할 수 있는데, 전기한 DATAR로 불리는 국토개발 및 지역발전기획단(DATAR-DIACT,[8] 현재는 다시 예전 명칭인 DATAR로 돌아갔다)이 부처 간의 업무 조정과 지방자치단체의 혁신을 지원하고 경제개발 정책 실행을 총괄한다. DATAR는 1982년부터 본격적으로 추진된 프랑스 지방분권 정책에 따라 국가와 지역 간의 협력의 조정과 계획계약의 시행을 주관하였다.

계획계약은 국가와 지방자치단체가 체결하는 행정계약으로서 후술하는 바와 같이 추진기관의 분권화, 참여나 절차상의 민주주의 원칙의 준수와 같

8 | 프랑스 정부는 2005년 가을에 종전의 국토개발 및 지역발전 기획단(DATAR)을 확대 개편하여 개발 및 경쟁을 위한 정부부처기획단(Délégation interministrièlle à l'aménagement et à la compétivité: DIACT)을 설치하였다.

이 중앙의 조정 기능은 유지하지만 분권적 방법을 수용하고 레지옹의 권한이 확대됐다는 점에서 특징적이다. 실제로 많은 프랑스 학자들이나 관료들이 자긍심을 갖는 성공작으로 평가되는 계획계약은 지방분권화의 추진 과정에서 비교적 생소했던 계약화를 통한 지방분권화의 시스템을 구성하고 있다는 점에서 국가주도형 지역혁신 모델이지만, 이는 지방자치단체의 참여가 협약서 체결 과정의 준비에 불과한 우리와는 차이가 있다.

2) 경쟁력 강화 관점에서 본 계획계약

국가-지방자치단체 간의 계획계약(CPER)은 국가발전과 지역발전에 동시에 기여할 수 있는 지역개발사업을 중앙정부와 지방자치단체가 공공으로 추진하기 위해 사업계획 및 투자 분담에 대해 중앙정부와 지방자치단체가 공적으로 상호 약속하는 활동이라고 할 수 있다(한승준, 290). 지방분권의 구체적 실현형태가 대부분 중앙의 일방적 의사결정인 법률이나 명령에 의해 이루어지는 점을 보완하는 계약화(la contracualisation)를 통해 국가는 국가계획의 우선사업과 양립할 수 있는 레지옹의 우선사업 실시에 협력하는 반면에, 레지옹은 국가에 의해 정해진 우선사업 시행의 연계를 도모한다. 따라서 계획계약이야말로 프랑스식 거버넌스의 대표적인 성공례라고 평가하는 주장이 있다.[9]

9 | 거버넌스에 대한 정의 또한 영미 학자들과 국내 학자, 그리고 프랑스 학자들 간에 많은 차이가 있어서, 본서에서 상론하는 것은 의미가 없다고 본다. 다만 프랑스에서의 거버넌스 논의는 우리나 영미식 행정학자들에 비해 비판적인 시각에서 논의되고 있으며, ① 정책참여자의 증가와 복잡성에 따른 제도적 분절화(fragmentation)와 경쟁이 심화되고 있으며, ② 지방의 통치역량의 향상을 위한 정책 네트워크와 파트너십이 발전하였고, ③ 새로운 정책협력을 위한 계약적 수단이 증가하고 있다는 특색을 가진다.

이에 의하면, 프랑스의 계획계약(le contat de plan)은 지방정부가 강력한 지원과 구체적 정책결정권을 보장받고 있기 때문에 국가와 진정한 협상을 할 수 있으며 국가와 지방자치단체 간에 이루어진 계약 형식은 상호간에 공동으로 사업을 선정하고 재원을 분담함으로써 윈윈(win-win) 전략을 성공적으로 추진하고 있다는 점과 분권화와 효율성의 가치 사이에 절묘한 합의점을 모색하고 있다는 점에서 국가주의적 거버넌스에서 새로운 전환을 맞이했다고 평가한다(한승준, 298). 전술한 바와 같이 경쟁력의 지표로서 제도와 행위 선택의 효율성을 강조한다고 한다면, 계획계약은 지방분권화 과정에서 부작용으로 지적되는 지역 간의 격차의 해소와 정책 방향의 중재와 조정의 가능성에서 경쟁우위를 가진다. 왜냐하면, 계획계약의 협상 당사자인 국가로서는 각 지역에 대해 일정한 정책 방향을 제시하고 중재하는 역할을 수행하며 전반적인 관점에서 각 레지옹의 정책을 조정할 수 있기 때문이다. 그리고 계획계약은 중앙의 이러한 중요한 목표와 연계되어 있고 또한 일정한 계획과 기간을 가지고 있으며 특정한 사업을 수반할 수 있다. 레지옹으로서는 특성에 부합되는 전략을 스스로 구상할 수 있고 주요 사업 분야에 대한 집중적인 지원 계획을 요구할 수 있다. 즉, 조정을 통한 선택과 각종 기반시설의 설치, 생산 활동의 지원과 취업 준비 기관의 정비에 대한 투자의 집중이 가능하게 된다.

제2절 | 진행 중인 지방행정 개혁과 지방분권의 전망

프랑스는 오래전부터 인접 유럽국가에 비해 강한 집권적 지방행정체제를 유지해 상대적으로 지방자치단체의 권한이 약한 나라로 알려져 있다. 하지만 1980년대에 좌 · 우파 정권의 교체에도 불구하고 지속적으로 지방분권 정책을 추진하여 이러한 상황이 개선되었는데, '파리(Paris)와 사막'[10]의 비유처럼 파리로 대변되는 집중화(déconctré)된 집권과 대도시 중심의 발전에서 소외된 지방을 위한 관심과 개혁적 조치의 구체적 실현으로 볼 수 있다. 2010년 피용(Fillon) 총리 정부는 2009년 발라뒤르 보고서[11]의 제안에 따라 프랑스 지방행정체제에 대한 근본적 개혁을 위해 새로운 동시 지방의회선거를 통해 데파트망 의회의 의석(4,182명)과 레지옹 의회(1,880명)의 정원을 3,000명으로 감축하는 새로운 지방의회선거(l'élection des conseilles territoriaux)와 꼬뮌협력체 구성에 주민의 직접참정의 새로운 변화를 담은 법률안을

10 | 지리학자인 J.-F. Gravier의 『Paris et le désert français』(1947)는 지방분권을 법이나 행정학적 관점에서 기술한 것은 아니다. 하지만 파리(Paris)로 대변되는 거대도시의 불균형적 개발 정책과 지방(les provinces)의 고사(枯死)를 비판적으로 지적한 이 책은 출간되자마자 많은 반향을 불러일으켰다. 지방분권법(le droit de décentralisation territoriale)이란 주제와 직접적인 관련성은 떨어지나, 이 책에서 저자는 지방의 모든 자본과 자원을 흡수하고 집중시키는 괴물(怪物) 파리(Paris)에 대한 대안으로 지역개발과 농촌지역을 다시 개발하고 프랑스의 지방분권화를 제안하고 있다(프랑스 위키피디어 사전 'J.-F. Gravier' http://fr.wikipedia.org/wiki/Jean-Fran%C3%A7ois_Gravier).

11 | 전훈, 「프랑스 지방행정체제의 개편 움직임 -2009년 3월5일 지방자치단체개혁위원회 보고서를 중심으로-」, 『지방자치법연구』 제9권 제2호, 한국지방자치법학회, 2009. 6.

2010년 5월 25일 하원에 제출하였다. 이는 6월 10일 하원에서 1독회를 통과하였는데, 이는 우리에게 시사하는 바가 크다고 생각한다.

단일국가 형태의 강력한 중앙집권의 행정문화를 가진 프랑스 지방분권(la décentralisation territoriale) 법제의 변화에 대해 살펴보고 현재의 우리의 지방분권의 움직임에 비추어 어떤 시사점을 제공할 수 있는지 살펴보기로 한다. 프랑스 지방행정제도의 근본적 개혁은 첫째, 기존의 지방분권의 성과를 계속 유지하고, 둘째, 지방의 자유를 강화하고, 셋째, 지역의 에너지를 발산하는 요구로부터 기인한다. 2009년에 제출된 보고서(「이제는 결단의 시점이다[Il est temps de décider]」)의 제목과 같이 프랑스 지방구조의 근본적 개혁에 대하여 이구동성으로 의견이 수렴되고 있다. 분권화된 단일국가의 지방의 행정은 결국 지방의 자유와 책임을 동시에 높이는 것을 의미한다고 보면, 데파트망과 레지옹의 통합선거와 꼬뮌과 꼬뮌협력체의 통합선거라는 지방권력의 조직상 변화를 예고하고 있다.

1. 지방자치단체 개혁을 위한 법률

1) 2009년 발라뒤르 보고서

지방자치단체개혁에 관한 법률[12]의 바탕이 된 2009년 3월 발라뒤르(Balladur)

12 | ① 지방자치단체개혁법률안(le projet de loi de réforme des collectivités territoriales), ② (통합) 지역의회선거와 지방민주주의 강화에 관한 법률안(le projet de loi relatif à l´élection des conseillers territoriaux et au renforcement de la démocratie locale), ③ 2014년 3월 (통

보고서는 2009년 3월 5일에 대통령 앞으로 제출되었다. 상기 보고서는 아래 20가지를 제안하고 있다. 이 가운데 제안 3, 제안 8, 제안 11, 제안 18은 다수 의견에 의한 것이고, 나머지는 만장일치로 입장을 표명한 것이다.

발라뒤르 보고서의 20가지 제안

제안 1. 현재 26개(해외 지역 포함)인 수를 15개 내외로 축소하기 위해 자발적인 레지옹(la Région) 결합체와 지역 경계의 변경을 활성화할 것.

제안 2. 법률 개정을 통해 동일한 레지옹을 구성하기 위한 자발저인 데파트망(le Départemenr) 결합을 활성화할 것.

제안 3. 2014년부터 데파트망과 레지옹 의회의 통합선거를 실시하고, 선거구에서 전통적인 캉통(le canton)을 폐지할 것.

제안 4. 2014년 전에 꼬뮌협력체 지도(la carte de l′intercommunalité)를 완성할 것.

제안 5. 2014년 전에 꼬뮌협력체를 합리적으로 정비할 것.

제안 6. 1995년 2월 5일 법에 규정된 '패이(pays)'[13]를 더 이상 설치하지 말 것.

합) 지방의회선거 실시에 관한 법률안(le projet de loi permettant l′élection des conseillers territoriaux en mars 2014), ④ 기술적 사항에 관한 조직법률안(le projet de loi organique à caractère technique).

13 | 1970년대에 사단(社團)의 방식으로 '패이'라는 모습으로 나타난 꼬뮌(주로 농촌지역) 간 단체인데, 1995년 2월 4일 법률에서 그 지위를 인정받았다. 패이는 조합(le syndicat), 공동체(la communauté) 유형에 이은 세 번째 유형으로서, 지역적, 문화적, 경제적 통합성으로 인해 소속감을 특징으로 하며 지역 개발과 발전을 위한 이익공동체로서 꼬뮌과 꼬뮌협력체들의 결합으로 이루어진다. 2008년에 371개가 있으며 프랑스 본토 면적의 81%를 구성하고 인구의 47%를 차지한다.

제안 7. 꼬뮌의회 명부와 동일한 선거명부 하에 동시에 독자적 과세권을 가진 꼬뮌 간 협력기관(영조물법인, EPCI)의 의결기관 구성에 관한 선거를 꼬뮌의회 선거와 동시에 실시할 것.

제안 8. 2014년부터 우선 11개의 대권역 행정기구(la métropole)[14]를 설치할 것.

제안 9. 꼬뮌의 통합에 대한 지원을 통해 꼬뮌협력체를 새로운 꼬뮌으로 전환하도록 할 것.

제안 10. 꼬뮌협력체의 집행부 직원을 최대 1/3 줄일 것.

제안 11. 꼬뮌 차원(대권역 행정기구, 꼬뮌협력체로서의 신꼬뮌과 다른 꼬뮌을 모두 포함)에서의 일반권한조항을 확인하고 데파트망과 레지옹의 권한을 특성화할 것.

제안 12. 국가와 지방자치단체 간, 그리고 지방자치단체 간의 권한배분을 명확히 할 것.

제안 13. 공공정책의 전반적 개혁을 통해 지방분권 법률의 결과를 검토하고, 사라지는 지방자치단체의 권한 영역에 개입하는 국가의 분산화된 기관이나 기관의 일부를 예상할 것.

제안 14. 국회 정기회에서 지방 공공지출의 증가의 대상 항목을 정할 것.

제안 15. 지방직접세[15]의 과표를 새로이 하고 6년마다 이를 현실화할 것.

14 | 발음대로 '메트로폴'로 표기하는 것이 바람직하다고 보나, 본서에서는 2008년 11월 3일 발의된 지방행정체제 개편에 관한 특별법안(대표 발의 권경석 의원) 제7조의 '대권역 행정기관'의 표현을 사용하였다. 위원회의 20가지 제안 중에는 대권역 행정기구에 대해서는 위원회에서도 견해의 만장일치가 이루어지지 않았다.

15 | 프랑스의 지방세는 4대 기본세인 건축물 토지세, 미건축물 토지세, 주거세, 사업세 외에 생활폐기물 수거세, 청소세, 광산세, 계절영업세와 같은 기타 직접세가 있다. 이들 중 토지세(건축물 토지세, 미건축물 토지세)와 주거세는 가계에 대한 세금이고, 사업세는 기업에 대한 세금이다.

제안 16. 재평가된 부동산임차료와 기업부가가치에 기초한 다른 경제활동에 대한 과세 부과를 통해 사업세 폐지에 따른 통합적 보상이 이루어질 것.

제안 17. 동일한 과표에 대한 중복 과세를 줄일 것.

제안 18. 2014년에 'Gran Paris'의 명칭을 가진 특별한 지위의 지방자치단체를 파리(Paris), 센-생-드니(Sein-Saint-Denis), 발-드-마렌(Val-de-Marene)과 오-드-센(Haut-de-Seine) 지역에 설치할 것. 위 지자체의 설치는 관련 지자체의 대표자와 사회 · 경제 단체의 의견 수렴을 사전에 거칠 것.

제안 19. 코르스(la Corse) 섬의 의회 구성의 선출을 위한 현행 투표 방식에 관한 일부 규정을 개정할 것.

제안 20. 해외 데파트망과 해외 레지옹의 단일 의회를 설치할 것.

2) 관련 당사자의 반응[16]

보고서에 대해 데파트망 협의회(ADF)[17]는 발라뒤르(Balladur) 위원회가 제안한 개혁안은 시기상 적절하지 않다(inopportune)고 비판하고 있다. 데파트망 협의회는 대통령 소속 동 위원회의 이러한 준비 작업이 지방자치단체와의 아무런 협의 없이 이루어졌다는 불만을 토로하고 있다. 꼬뮌 · 데파트망을 (주민) 접근성을 가진 공동체의 컨셉트라고 옹호하는 ADF는 데파트

16 | AJDA, 9 mars 2009, p. 397.

17 | Assemblée des Départements de France

망의 권한의 축소 내지는 흡수에 따른 위험성을 경고하고 있다. 이에 비해 꼬뮌단체장협의회(AMF)[18]의 첫 반응은 좀 더 신중하다고 할 수 있다. 지방에서의 공공서비스의 접근성과 효율성의 높이기 위한 지방조직의 개혁에 대해서는 원칙적으로 찬성하지만, 기존의 꼬뮌이 흡수하는 대권역 행정기구(la métropole)의 설치에 대해서는 반대한다는 입장을 내놓았다.

2. 지방행정조직의 근본적 개혁[19]

지리적 · 역사적인 특수성을 가진 코르스(la Corse) 섬의 경우[20]와 해외 지방자치단체는 우리의 지방자치단체와 비교하기에는 이질적 요소가 강하므로, 제안 19와 제안 20은 고려하지 않는다는 전제 하에서 이번 보고서 내용 중에서 우리에게 시사점을 제공해 줄 만한 부분에 대해 알아보기로 한다.

1) 지방자치단체 수의 감소와 규모의 광역화

보고서의 제안 1에서는 레지옹의 수를 15개 내외(22개까지)로 줄이는 것

18 | Association des Maires de France

19 | 프랑스 지방자치계층은 꼬뮌-데파트망-레지옹(헌법에 규정)의 3계층이 있다. 그리고 중앙행정의 지역분산(la déconcentration)으로 볼 수 있는 아롱디스망(l'arrondissement), 캉통(le canton), 패이(le pays), 교육구(l'Académie)와 같은 특정 분야의 지역(방) 행정구역이 국가행정을 위한 지역조직으로 구성되어 있다. 한편, 지방자치단체 간의 협력을 위한 법인격을 가진 공공단체(영조물)로 도시공동체, 인구밀집공동체, 꼬뮌공동체와 코민조합 등을 빼놓을 수 없는데, 이를 지방행정계층으로 보기는 어렵고, 자치단체 간 협력체(법인격을 가지고, 일부의 경우 참여한 지방자치단체[꼬뮌]의 권한의 변경과 지방세 세율 결정권을 가진다)로 이해하는 것이 정확하다.

20 | 다만, 제주특별자치도의 경우를 코르스(la Corse) 섬의 경우와 비교해 볼 가능성은 있다.

을 권장사항으로 이야기하고 있지만, 구체적으로 통합 대상이 되는 레지옹을 언급하지 않고 있다. 규모가 가장 큰 자치계층인 레지옹도 일부의 경우 유럽 차원의 인구 기준에 미달하는 경우가 많기 때문에 대체로 3~4백만 명 규모(위의 희망 숫자와 대체로 일치)를 목표로 예상하고 있다. 물론 위원 중에는 레지옹 통합이 개혁 내용의 핵심 사안이 아닌데, 세인의 관심이 여기에 쏠려 있다고 지적하는 이도 있다.

또한 제안 2에서는 데파트망의 통합에 관한 입법적 개선을 제안하고 있는데,[21] 이것이 데파트망과 레지옹의 통합, 다시 말해, 점차적으로 전자를 후자에 흡수하는 것을 장기적 목표로 하는 것에 대해 부정적 시각도 적지 않다. 다만 발라뒤르 위원회는 레지옹과 데파트망을 1/2씩 하는 새로운 투표 명부를 도입하고 캉통(le canton)의 폐지를 만장일치로 제안하고 있다. 이는 점차적으로 역사 속으로 사라져 가는 데파트망에 대한 활력을 찾으려는 움직임이라고 해석해 볼 수 있다.

2) 지방행정계층에 대한 변화

프랑스의 지방자치계층은 3계층(꼬뮌-데파트망-레지옹)이고, 이는 유럽 차원의 기준과도 부응한다고 볼 수 있다. 문제는 프랑스의 경우 가장 전통적인 작은 규모의 자치단체인 꼬뮌의 수가 너무 많다는 것인데(2007년에 36,783개), 정부 차원에서 이미 1950년대부터 그 수를 줄이고자 하는 노력이

21 | 현재 법률규정이 없어 둘 이상의 데파트망이 통합을 원하는 경우에 이에 관한 절차를 진행하지 못하고 있다.

있었지만, 다른 나라에서 70~80% 정도 감소한 것에 비해 현재(약 5% 정도가 줄었다고 한다)로서는 인위적인 꼬뮌의 축소는 거의 불가능에 가깝다.

표 3 | 유럽 국가의 기초자치공동체(꼬뮌) 숫자의 변화(1950/2007년)

국가 \ 구분	1950년의 꼬뮌의 수	2007년의 꼬민의 수	비율(%)
독일	14,338	8,414	−41
스페인	9,214	8,111	−12
프랑스	38,800	36,783	−5
이탈리아	7,781	8,101	+4
영국	1,118	238	−79
스웨덴	2,281	290	−87
덴마크	1.387	277	−80

자료 출처: 유럽이사회(Conseil de l´Europe), 지방과 지역민주주의 분과위원회(Comité sur la démocratie locale et régionale), 2007(발라뒤르 보고서, p. 40).

이러한 점은 프랑스 지방행정 내지는 지방자치단체의 한 특징일 수 있다. 보고서는 이런 점을 고려해서인지 직접적으로 현행 3단계 자치계층의 구조의 변화를 언급하지 않고, ① 투표방식을 통해 그 정당성을 부여받은 중심 레지옹에 대한 우월적 지위의 부여와 ② 대권역 행정기구 설치를 위한 일종의 전위로서 점차적으로 꼬뮌협력체에 대해 꼬뮌과 같은 전권한성을 부여하는 방법을 제안하고 있다(제안 11). 조직적 관점에서 보면, 이를 새로운 행정계층으로의 변경인지 혹은 기존의 3단계 자치계층과 구별되는 새로운 형태의 행정계층의 신설 혹은 변경으로 볼 것인가는 견해의 차이가 있을 수 있으나, 종래 광역단위의 지방행정계층에서 영조물을 거쳐 헌법상의 지방자치단체의 법적 지위를 부여받은 레지옹(la Région)의 예[22]를 본다면 우선은 앞의 경우에 더 가깝다고 생각된다.

3) 특별한 지위를 가진 '광역파리시(Grand Paris)'

우리의 서울을 포함한 수도권처럼 프랑스 전체 인구의 10%에 가까운 6백만 명이 넘는 주민들이 파리시(la Ville de Paris)와 주변 3개 데파트망에 밀집되어 있다. 하지만 다른 도시지역의 자치단체협력체인 도시공동체(la communaté urbaine)의 경우와는 달리, 이들 지역의 공공정책의 조정과 꼬뮌 간 협력의 필요성에도 불구하고 집행의 면에서 그다지 효율성이 나타나지 않았다. 따라서 2014년을 목표로 새로운 대권역 행정구역을 가진 특별한 자치단체로서의 '광역파리시(Grand Paris)'를 설치하고, 꼬뮌의회 선거방식과 동일한 투표방식으로 대표자를 선출하는 것으로 하는 제안을 하고 있다. 선거구는 현재의 데파트망의 선거구를 기준으로 획정하고 비례대표방식에 의한 2차 투표를 하며, 다수당에 대한 할증제를 인정한다.

22 | 1948년에 특별사무처리기관(l´Inspecteurs généraux en mission extraordinaire), 1956년 21개의 레지옹 계획구, 1961년 지역행정구역(la Circonscription d´action régional), 1972년 영조물법인(l´Établissement public), 1982년 지방자치단체로서의 레지옹, 1986년 레지옹 의회 구성, 2003년 헌법상 지위 부여라는 과정을 거치게 된다.

3. 지방민주주의와 효율성

우리의 상황과 유사하게 프랑스도 경제발전, 지방민주주의 강화와 공공지출의 효율성의 요청에 직면하고 있다. 위원회는 이러한 요청이 지방행정 계층(구조)의 단순화를 의미하고, 이를 위해서는 권한을 명확하게 정해야 하며 이는 지방세의 현대화라는 요청을 수반한다고 본다.

1) 지방행정계층의 단순화와 민주성의 강화

(1) 꼬뮌협력체의 구성 방식의 변화

프랑스의 경우, 이미 1890년부터 주민의 생활에 필요한 공공서비스 제공이나 공적 사무의 공동처리를 위해 꼬뮌 간의 협력이 제도화되었고, 농촌지역에서의 이러한 활동은 점차 도시지역으로 확대되었다. 긴 시간을 가지고 복잡하게 설치되고 나타났던 꼬뮌협력체의 정비와 강화를 위해 당시 내무부 장관의 이름을 딴 이른바 슈베느망 법(loi Chevènement, 1999년 7월 12일)이 제정되었다. 동법은 꼬뮌협력체의 두 가지 유형으로 꼬뮌공동체(la communauté de commune, 법인격을 가진 공공단체[EPCI][23])와 인구밀집지역(la communauté d´agglomérations, 174개)을 규정하였다.

위원회는 제안 7과 제안 9에서 꼬뮌협력체의 역할과 위상을 강조하고, 당연히 지방민주주의의 강화를 강조하고 있다. 실제로 대부분의 꼬뮌협력체는 이를 구성하는 꼬뮌의 지역에서 매우 광범위한 권한을 행사하고 있지만, 이

23 | Établissements Publics Coopération Intercommunale

들의 구성은 간접선거 방식에 의하고 있다. 따라서 꼬뮌의회 구성을 위한 선거와 동시에 현재 프랑스의 꼬뮌 대부분이 참여하고 있는 꼬뮌협력체에 대해서도 직접보통선거에 의한 집행부 구성이 요청된다.

(2) 레지옹의 통합과 구속적 주민투표

광역적 규모의 지역의 차원에서 보면, 프랑스의 레지옹은 다른 국가에 비해 작은 편이고 특히 인구의 집중도에서 보면 아주 취약하기 때문에, 레지옹의 광역화를 통해 그 수를 줄이고 경제적 경쟁력을 강화하기 위해서는 레지옹의 통합 절차를 간소화해야 할 것이다. 현행 지방자치법 법률조항 제4123-1조에 따라 레지옹 의회가 신청하고 "주민의 1/2을 대표하는 데파트망 의회의 2/3 또는 주민의 2/3를 대표하는 데파트망 의회의 1/2로 나타난 과반수의 찬성 의견 표명"의 요건이 충족되는 경우, 꽁세이데타 데크레 형식으로 레지옹의 통합이 가능하다. 그런데 이러한 법률규정에 대해 헌법 제72-1조와 조직법률이 규정하는 바에 따라 실시한 결정적(구속적) 주민투표(le référendum local décisionnel)에 의하거나 관련된 레지옹 의회 전체회의에서 의결하는 것으로 충분하도록 제안하고 있다.

레지옹 통합 과정의 절차적 간소화와 지방민주주의 강화를 골자로 한 위원회 보고서 권고안은 앞서 본 꼬뮌협력체가 가지고 있던 취약한 민주성의 요청 방향과 같은 선상에서 이해될 수 있다. 그리고 동일한 경우로 보기는 어려우나, 우리 제주특별자치도의 설치의 경우도 2005년 7월 27일 주민투표가 실시되었고,[24] 2006년 2월 9일 제정된 법률에 따라 기존의 4개의 기초자치단

24 | 단일광역자치단체인 제주특별자치도와 개편되는 2개의 시장은 임명직으로 하고, 기초의회는 폐지

체가 폐지된 경험이 있어, 양자를 비교해 볼 수 있다.

헌법재판소는 제주특별자치도 설치에 관한 특별법 일부 조항에 관한 헌법소원(2005헌마1190)에서 "제주도에 의하여 그 전역에서 주민투표를 행한 것으로도 헌법상의 적법절차원칙은 준수되었다고 볼 수 있고, 이로써 청구인들의 청문권이 침해되었다고 볼 수는 없다."라고 하면서도 "국회가 이러한 주민투표의 결과에 구속된다면 기본적인 지방자치제도의 형성을 입법자에게 맡겨두고 지방자치단체의 종류를 법률로 정하도록 하고 있는 헌법의 취지와도 부합하지 않는다."라고 하여 자치단체의 법적 지위 변동에 관한 주민투표의 구속적 성격에 소극적 입장을 취하고 있다.

(3) 특별지방자치단체 개념 정비의 시사점

2009년 발라뒤르 보고서에서 지방행정체제의 새로운 주역으로 주목받는 꼬뮌협력체는 종래 지방자치단체의 지역주민에 대한 공공서비스 제공 방식의 효율성과 접근성 제고를 위한 자치단체의 협력 차원에서 국내에 소개되었다. 현재 우리 지방자치법도 지방자치단체조합(지방자치법 제8장 제3절 제159조-제164조)에 관한 규정을 두고 있으나, 그 운영 사례는 많지 않다고 할 수 있다. 다만, 최근에 지역 간 균형발전과 국가경쟁력 강화를 위해 광역자치단체장이 지정을 요청하고 지식경제부 장관이 지정하는 경제자유구역(6곳)[25] 중 4곳의 운영 방식이 이 방식을 취하고 있다. 경제자유구역청의 수

하는 것으로 하는 혁신안이 총투표인 402,003명 중 147,656명이 참가하여 57%의 지지를 얻어 채택되었다.

25 | 이 중 4개 구역청은 2개 광역자치단체의 조합 형태이고(황해: 경기+충남, 대구경북: 대구+경북, 부산진해: 부산+경남, 광양만권: 전남+경남), 다른 2곳은 시 · 도 출장소 형태(인천: 인천광역시, 새만금군산: 전남)이다.

립에 앞서 ① 중앙행정기구–특별지방행정기관 방식, ② 공사(公社) 방식, ③ 지방자치단체 책임운영기관 방식, ④ 특별지방자치단체 방식이 제안된 적 있었고, 실무에서는 복수의 지방자치단체의 경우, 지방자치단체 간 조합[26] 결성 방식을 채택하고 있다.

개인적으로, 앞으로 우리 지방자치법에서 예정하고 있는 특별지방자치단체에 대한 체계적인 개념의 설정과 유형화 작업은 별도의 입법을 통해 이루어져야 한다고 본다. 만일 새로운 특별 지방자치단체에 관한 법제화 작업이 진행된다면, 프랑스의 꼬뮌협력체 모델이나 우리의 현행 경제자유구역청 형태를 포섭하는 형태의 개념 설정이 바람직하다고 본다. 특히나 현재의 경제자유구역청이 그 본래의 기능과 설립 취지를 살리기 위해서는 외자 유치나 개발 사업에 관한 사무와 일반 지방자치단체의 지역주민 복리사무에 관한 사무의 재배분과 조정이 필요하고, 본질적으로 일반 지방자치단체와 구별되는 특별 지방자치단체의 조직형태에 대한 법적 정비가 있어야 할 것으로 보인다.

2) 좀 더 분명한 중앙과 지방, 지방 간의 권한배분과 지방재정의 정비

지방자치단체의 개념과 지방의 이익에 대한 일반적 권한[27] 행사는 반드시 불가분적 관계에 있다고 주장하기는 어려울 것 같다. 이미 데파트망은 사회

26 | 지방자치단체조합의 법적 성격을 특별지방자치단체로 보는 입장이 다수설이지만(류지태, 박윤흔), 법체계상 이를 특별지방자치단체로 볼 수 없다는 입장(이기우, 최창호)이 있다. 발라뒤르 보고서에서는 향후 꼬뮌협력체를 지방자치단체화 하려는 의도가 있다고 보나, 현재로서는 특별한 기능을 가진 영조물법인으로서의 공공단체(협력체)로서 일정한 과도기 단계가 아닌가 생각된다.

27 | 전훈, 「지방분권을 위한 헌법 개정」, 『지방자치법연구』 제8권 제3호, 2008, p. 206.

보장 분야에서, 그리고 레지옹은 경제발전 분야에서 전문화되고 있고, 이들은 권한블록을 통한 권한배분이 이루어지고 있다.

(1) '일반권한'을 가진 꼬뮌협력체의 등장

지방자치단체가 행사하는 일반적 권한 가능성에 대한 논쟁은 이제는 꼬뮌과 꼬뮌협력체에 대해서만 이를 인정할 수 있는 것으로 의견이 모아지고 있다. 역사성과 정체성을 가진 지역공동체의 풍부함은 프랑스 지역공동체의 특징이기도 하지만 공공지출 증가의 원인이 되어 왔다. 따라서 종래부터 프랑스 정부는 인위적인 꼬뮌의 통 · 폐합 정책을 추진했으나 별다른 성과를 거두지 못하고 꼬뮌 간의 협력 강화를 위한 단체 구성, 다시 말해 꼬뮌 간 협력(la coopération intercommunale)을 발전시키게 되었다. 꼬뮌협력체는 우리 지방자치법에서 규정하고 있는 지방자치단체조합을 연상시킬 수 있으나, 프랑스의 경우 3만 7천여 개의 방대한 꼬뮌의 효율적인 공공서비스 제공을 위해 등장한 것이라는 특징을 가진다. 2009년 1월 현재, 전체 36,686개의 꼬뮌은 15,903개의 꼬뮌조합(le syndicat intercomunal) 혹은 혼합조합(le syndicat mixte)[28]에 속하거나, 2,406개의 꼬뮌공동체(la communauté de commune), 174개의 인구밀집지역(la communauté d´agglomération)과 16개의 도시지역공동체(la communauté urbaine)[29]의 일원이 되고 있다(농촌지

28 | le syndicat mixte, 이를 달리 번역하기에는 어려움이 있고 국내 문헌 모두 혼합조합으로 번역한다. 다만 그 구성이 개방적/폐쇄적으로 나누어진다. 꼬뮌과 꼬뮌협력체영조물(EPCI)의 결합인 후자에 비해 전자는 꼬뮌, 데파트망, 레지옹은 물론 다른 영조물의 경우도 조합 구성을 할 수 있다는 점에 차이가 있다.

29 | 도시지역 공동체는 인구가 500,000명 이상이고 공동체를 구성하는 꼬뮌을 대신하여 경제 · 사회 · 문화 영역의 발전과 정비, 공동체의 도시계획, 공공서비스의 관리 운영 및 주거정책과 환경정책에 대한 권한을 행사한다. 니스(Nice)와 툴루즈(Toulouse)는 종전까지만 해도 인구밀집지역공동체를

역의 371곳의 패이[pays]를 제외하였다). 하지만 특별한 목적을 위해 자발적으로 설립된 꼬뮌협력체가 법률에 위반되지 않는 한 개별적인 수권 없이도 '지방(역) 이익(l'intérêt local)'에 관한 권한을 행사하는 것[30]에 대해서는 여전히 조심스럽다고 할 수 있다.

하지만 보고서는 꼬뮌협력체(EPCI)에 대하여 현재의 꼬뮌을 대체하는 전권을 부여하고, 장기적으로 후자는 이러한 지방자치화 될 꼬뮌협력체 법인의 한 부분이 될 것으로 예상하고 있고, 또한 일부 지방자치화 될 꼬뮌협력체는 현재의 꼬뮌을 포함하고 있는 데파트망에 대해 부담을 줄 수 있을 것으로 전망한다.

(2) '권한블록'[31] 방식으로의 귀환

2009년 발라뒤르 보고서에서는 데파트망과 레지옹 간의 역할의 전문화를 제안 11과 제안 12에서 언급하고 있다. 이러한 권고가 지난 1983년 7월에 제정되었던 권한배분법상의 기본원칙이었던 권한블록(bloc de compétences) 방식으로 되돌아가는 것을 의미하는가에 대한 의문이 있을 수 있다.

이번 위원회 작업에 앞서 2007년에 제출된 합동보고서(『국가와 지방자치단체의 관계[Les relations entre l'Etat et les collectivités locales]』, 위원장: 람베르[A. Lambert])에서도 데파트망과 레지옹의 경우, 일반권한조항 방식에

구성했으나 최근에는 도시지역공동체로 변경하였다.

30 | 지방자치법 법률조항 제1111-1조는 "꼬뮌, 데파트망, 레지옹은 자신의 권한에 속한 사무를 의결(우리식으로 하면 조례)을 통해 정한다(규율한다)."라고 규정한다.

31 | 권한블록 방식은 공법인 간의 권한배분 방식으로 하나의 블록(bloc) 내부에 있는 사무에 관해서는 배타적 권한 행사를 인정하는 방식이다. 중학교의 시설 유지나 학생 수송은 데파트망이, 고등학교의 경우 레지옹이 권한을 가지도록 법률에 정하는 경우와 같이 법에서 정하고 있는 사항에 한정하여 배타적인 권한 행사를 인정하는 권한배분 방식을 말한다(한국법제연구원, 『프랑스법령용어사전』, 2008, p. 131)

대한 개정을 제안한 바 있다(Rapport Balladur, 45).

전문성원칙에 따라 유관사항에 관한 권한의 전부를 특정 자치계층에 일괄적으로 이전하는 권한블록 방식은 이론상 매우 매력적일 수 있으나, 현실적으로 입법자들이 권한블록에 저촉되는 사항에 대한 법률 제정을 하고 있기 때문에 제대로 기능한다고 보기는 어렵다고 한다. 오히려 각 자치단체 수준에 따른 일반적 권한 사항에 대한 전반적 검토를 거친 개정 작업을 추천하고 있다. 이러한 작업은 상당한 관련 정부 부처의 오랜 시간과 노력을 요구하는 작업이지만, 향후 입법을 통해 이에 대한 일정을 진행시켜야 할 것으로 보인다.

(3) 지방재정과 지방세의 조정

제안 15, 제안 16, 제안 17은 지방세에 관한 것인데, 현재 프랑스의 지방자치단체가 징수하는 세금 및 공과금은 프랑스 지방재정 수입의 50% 정도를 차지하고 있다.[32] 이 중 지방세수의 2/3는 이른바 오래된 4대 지방직접세(건축물토지세, 미건축물토지세, 주거세, 사업세)가 차지하고 있다. 프랑스 지방세제의 특징 가운데 하나는 각 자치단체, 다시 말해, 39,000여 개의 레지옹, 데파트망, 꼬뮌, 독자적 과세권을 가진 꼬뮌협력체에서 법정 상한선 범위 안에서 상기한 지방세의 세율을 결정할 수 있다는 점이다.

이번 위원회의 제안은 1970년대에 마련된 지방직접세의 과표(課標) 산정의 기초가 되는 토지대장의 임대가치의 현실화와 향후 6년마다 정기조사를 통해 가격의 현실적인 조정을 할 것을 제안하고 있다. 또한 사업세(le taxe

32 | 전훈 · 김세진, 『지방 재정지원 제도에 관한 법제 연구 [Ⅳ] -프랑스-』, 한국법제연구원, 2008, pp. 30-35.

professionlle) 폐지에 따른 지방자치단체에 대한 220억 유로에 이르는 보상액은 각 지방에 위치하고 있는 기업과 자치단체 간의 연계성을 강조하고 있다(Rapport Balladur, 126~127). 그리고 각각의 지방자치단체는 동일한 과세대상에 대해 중복적으로 세금을 매기고 있다는 점은 이미 이전부터 지적되어 온 것이지만, 현재 프랑스에서 39,000곳의 징수권을 행사하는 기관이 존재한다는 사실만으로도 그 운영 시스템의 과잉과 중복을 예견할 수 있고, 이는 지방민주주의의 실행에 제약을 가져온다고 할 수 있다. 지방자치단체 개혁위원회는 지나치게 많은 자치단체들이 동일한 과세기초에 대해 세율결정권을 가진 것에 대해 이를 줄여 나가는 것이 바람직하다고 보고 있다.

비교법 연구의 목적을 보다 나은 우리 법을 만드는 기초 자료의 제공이라는 점에서 찾는다면, '지방분권'에 대한 직접적인 시사점을 제공해 온 프랑스 지방자치법의 새로운 변화 가능성과 예측은 우리에게 좋은 가르침을 줄 것으로 예상된다.

두 나라의 지방행정체제나 지방분권의 움직임을 동일하게 비교할 수는 없겠지만 프랑스의 지방행정체제의 변화는 헌법상 지방자치가 보장되는 단일국가인 점, 강한 중앙집권적 전통을 가진 점, 아래로의 권한 이전을 통한 행정적 지방분권이 진행되고 있는 점 등과 같이 상당한 유사점을 찾을 수 있기 때문에 이번 20가지의 제안을 담은 2009년 3월에 제출된 지방자치단체의 개혁에 관한 보고서는 우리에게는 매우 시의적절한 내용이라 할 수 있다.

프랑스 지방행정이 처한 지역경제의 활성화, 지방민주주의 강화, 효율적인 지방공공재정의 지출과 너무나 많은 수의 지방자치단체의 수나 현 자치계층 단계에서의 기능의 변화의 요청에 대한 종합적인 고민과 제안은 우리의 경우와 큰 차이가 없다고 할 수 있다. 프랑스의 경우, 기초자치단체에 해당하는 꼬뮌협력체의 기능과 민주주의 요소의 강화와 지방세정의 현대화라는 두 축에서 문제 해결의 출발점을 삼고 있는 것 같다. 그리고 이러한 인식은 지역경쟁력과 효율적인 지방 공공서비스 제공과 변화된 생활환경에 따른 주민복리의 접근성 제고를 지방자치구역 변경을 이유로 드는 우리의 경우와 별반 큰 차이가 없다고 본다. 내심은 어떨지 모르나, 2009년 위원회 보고서는 지방자치 계층의 광역화와 기존 자치단체의 통폐합을 제안하면서도 결코 시류에 뒤처지고 있는 데파트망의 폐지나 레지옹으로의 통합을 직접 말하지 않고, 오히려 권한배분의 명확화와 지방세의 현대화라는 과제를 제안하고 있다.

지방(자치)행정은 실제로 중앙정부가 주도한다고 할 수 있겠지만 적어도 명분상으로나마 지방자치단체와 지역 구성원인 주민에 의해 이루어진다. 이들의 참여와 합의가 이루어지지 않은 자치계층과 행정구역 개편의 일방적 추진은 여전히 새로운 변경의 가능성만 더 추가할 뿐이다. 프랑스 지방조직은 오래되고 복잡하고 그 시대의 요청과 기능에 따라 계속되고 누적되어 왔고 지방분권을 향해 주목할 만한 발전을 이루어 왔다. 선거와 지방의 대표자의 의사결정의 민주성은 여전히 간직해야 할 원칙이다. 하지만 프랑스 지방조직은 시간이 지날수록 복잡함과 지역 간의 불균형(불충분한 연대), 주민의 요구를 충족하지 못한 실패를 보여주었다. 지방은 이제 국가의 경제적 발진에 중요한 역할을 수행하고 있고 성장과 현대화를 위해 지방의 권한과 재정에 혁신이 필요한 때가 되었다. 프랑스에서는 오래전부터 이에 대한 연구와 해결책들이 보고서를 통해 나타났고 많은 제안들이 이루어졌다. 발라뒤르 보고서의 제목처럼 이제는 결정의 시점이 된 것이 아닌가 생각한다.[33]

4. 지방에서의 국가행정의 개혁[34]

앞서 살펴본 30년간의 프랑스 지방분권화 과정은 레지옹, 다양한 종류의 꼬뮌협력체, 패이(pays) 등 새로운 지방기관 내지 조직체의 추가로 이어져 왔다. 이에 비해 지방의 권한 행사 과정에서 발생하는 구체적 문제해결을 위한 지방조직 단위의 새로운 구분과 분권화된 지방권력기관 간의 권한의 경

33 | Comité pour la réforme des collectiviés locales, Rapport au Président de la République -"Il est temps de décider", 5 mars 2009, p. 5.

34 | 프랑스 지방분권이라는 본서의 테마와 직접적 연관성이 덜하기는 하나, 국가의 지방행정(데파트망과 레지옹에서의 중앙행정조직의 개혁)의 현대화 노력에 관한 연구가 필요하고 이에 대한 다양한 관점의 분석이 요구된다고 본다.

합과 비효율적 운영에 대한 대안으로 그동안 진전되지 않았던 분산화된 지방행정기관에 대한 현대화의 과제가 국가개혁의 핵심이 되고 있다. 지방분권을 지방(의 이익)을 위한 지방자치단체의 역할 강화라는 관점에서 본다면, 이러한 지방자치단체 개혁은 지방분권의 본연의 취지와 차이가 있다고 볼 수도 있다. 정부의 공공정책 수행의 현대화는 지역에서 이루어지는 지역행정에 지방분권의 주체인 지방자치단체와 함께 참여하는 지역행정기관(우리의 특별지방행정기관과 비교해 볼 수 있다)이 수행하는 업무의 경제성과 효율성이라는 두 마리 토끼를 잡기 위한 전략 수립을 의미한다.

이러한 지역행정의 개혁을 위해서는 첫째, 국가전략의 추진과 계획에 가장 적합한 지역단위가 지역 차원의 역량을 끌어 올려야 한다. 데파트망과 레지옹 차원의 국가행정은 서로 그 역할이 다를 수밖에 없지만 양자는 서로 의존적이며 국익과 행정의 상대방에 대한 중앙부처의 정책 실행을 위해서는 서로 협력적이어야 하고 또한 그 권한이나 역할이 분명해야 한다. 둘째, 상기 목적을 위해 새로운 레지옹(SGAR)[35]과 데파트망(DDI)[36] 단위의 조직기구를 설치해야 하고, 셋째, 이렇게 설치된 기구들이 수행하는 여러 분야의 업무 수행 권한을 통합하는 작업이 요구되며, 넷째, 공공정책의 실행 절차와 제공된 서비스의 질적 제고를 위한 간소화 조치가 이루어져야 한다는 데 의견이 모아지고 있다.[37]

35 | le Secrétariat général pour les affaires régionales. 이와 관련해 SGAR의 임무에 관한 2009년 5월 25일 데크레(제2009-587호, le décret n°2009-587 du 25 mai 2009 relatif aux missions des secrétaires généraux pour les affaires régionales)가 제정되었다.

36 | la Direction départementale interministérielles. DDI에 관한 2009년 12월 3일 데크레(제2009-1484호, le décret n°2009-1484 du 3 décembre 2009 relatif aux directions départementales interministérielles)가 제정되었다.

37 | http://www.rgpp.modernisation.gouv.fr/fileadmin/user_upload/REATE.pdf

에필로그

단일국가이면서 강력한 중앙집권의 행정문화를 가진 프랑스는 1980년대 이후 본격적인 지방분권 정책을 추진해 왔다. 「지방자치단체의 자유와 권리에 관한 법」(1982년) 및 「국가와 지방자치단체, 지방자치단체 간 권한배분법」(1983년)으로 대변되는 제1기 지방분권법은 중앙과 지방, 지방 간의 권한배분, 구체적으로는 중앙에서 지방으로의 권한이양에 관한 새로운 체계를 수립하는 것이었다. 그리고 이러한 권한배분의 기본원칙으로 보충성원칙, 권한블록에 의한 총괄이양 원칙, 행정상 후견의 사법적 통제화 및 재원이양이 수반된 권한이양이 기법으로 활용되었다.

이러한 지방분권화는 제2기의 출발이라 할 수 있는 2003년 헌법 개정을 통해 격상되었다. 국가조직의 분권화를 헌법 제1조에 추가하고, 지방자치단체의 자유로운 행정에 관한 대폭적인 내용을 추가 및 개정하면서 지방민주주의의 강화, 실험법, 보충성원칙, 지방재정의 강화 등 지방자치와 관련된 전반적인 사항을 헌법에 담고 있다. 이후 「지방의 자유의 발전과 책임에 관한 2004년 8월 13일 법률」이 제정되어 권한배분의 실질적 보장을 위한 노력들이 전개되었다.

그런데 이와 같은 30년간의 프랑스 지방분권화 과정은 새로운 지방기관 내지 조직체의 추가로 이어져 왔다. 이에 비해 지방의 권한 행사 과정에서 발생하는 구체적 문제 해결을 위한 지방조직 단위의 새로운 구분과 분권화된 지방권력기관 간의 권한의 경합과 비효율적 운영에 대한 대안으로 그동안 진전되지 않았던 분산화된 지방행정기관에 대한 현대화의 과제가 국가개혁 차원에서 검토되고 있다. 2008년 이후 새로이 제기된 프랑스 지방체제 개편 논의는 그동안의 지방분권화 과정에서 나타났던 권한배분상의 중복과 비효율성 등 분권화 과정의 논란과 지방분권 추진 방식의 새로운 접근을 요구하고 있다.

2009년에 제출된 지방자치단체 개혁에 관한 발라뒤르 보고서의 제안에 따라 프랑스 정부는 지방행정체제에 대한 근본적 개혁을 위해 새로운 동시통합 지방의회선거와 꼬뮌협력체 구성에 주민의 직접참정의 새로운 변화를 담은 법률을 제정하였다. 2008년 이후 새로이 시작되는 지방자치단체 개혁 프로그램의 밑바탕은 그동안의 프랑스 지방분권화 과정에서 등장했던 재원의 이양(보전) 조치와 그에 대한 평가, 국가의 지방행정 조직체계의 정비에 관한 내용을 현재의 상황에 맞게 재정의하고 다시 대안을 찾아가는 과정으로서, 거시적으로는 국가의 개혁과 현대화 정책과도 연계하여 진행되고 있다고 평가되며, 이러한 프랑스의 지방분권의 여정은 우리의 지방분권 정책의 추진 과정에 충분한 시사점을 줄 것으로 보인다.

참고문헌

국내 문헌 – 단행본

배준구, 『프랑스의 지방분권』, 금정, 부산, 2004.

백윤철 · 윤광재, 『프랑스 지방자치학』, 형설출판사, 서울, 2000.

박균성 · 박연호, 『프랑스 행정의 이해』, 박영사, 서울, 1997.

임도빈, 『지방화 시대의 국가행정 -프랑스 정치행정에 관한 전략론적 접근』, 장원출판사, 서울, 1994.

전훈 · 김세진, 『지방 재정지원 제도에 관한 법제 연구 [Ⅳ] -프랑스-』, 한국법제연구원, 서울, 2009.

전훈 외, 『프랑스 법령 용어 사전』, 한국법제연구원, 서울, 2008.

홍정선, 『신지방자치법』, 박영사, 서울, 2009.

국내 문헌 – 논문

배준구, 「프랑스 국토 및 지역계획의 개혁과 새로운 계획기법 -계획계약을 중심으로-」, 『한국지방자치학회보』 제10권 제3호, 한국지방자치학회, 1998.

전 훈, 「2003년 개헌 이후의 프랑스 지방분권」, 『지방자치법연구』 제10권 제3호, 한국지방자치법학회, 2010.

______, 「프랑스 지방행정체제의 개편 움직임 -2009년 3월 5일 지방자치단체 개혁위원회 보고서를 중심으로-」, 『지방자치법연구』 제9권 제2호, 한국지방자치법학회, 2009.

______, 「지방분권을 위한 헌법 개정 -프랑스 모델을 중심으로-」, 『지방자치법연구』 제8권 제3호, 한국지방자치법학회, 2008.

______, 「프랑스 헌법상 지방분권 제도」, 『세계헌법연구』 제12권 제1호, 국제헌법학회 한국학회, 2006.

______, 「지방자치단체의 지역 개발과 국제협력 -프랑스 계획계약과 유럽연합 구조기금의 시사점-」, 『지방자치법연구』 제6권 제1호, 한국지방자치법학회, 2006.

______, 「지방자치단체의 자유로운 행정의 헌법적 보장 -2003년 3월 28일 프랑스 개정헌법 내용을 중심으로-」, 『성균관법학』 제17권 제1호, 성균관대학교 비교법연구소, 2005.

______, 「지방자치단체의 행위의 적법성 통제 수단으로서의 행정소송」, 『토지공법연구』 제26집, 한국토지공법학회, 2005.

______, 「한국 지방자치의 이해의 도구 개념으로서의 프랑스 지방분권의 법적 접근 -국가와 지방자치단체의 관계를 중심으로-」, 『공법연구』 제33집 제1호, 한국공법학회, 2004.

______, 「보충성원칙(le principe de subsidiarité)에 관한 고찰」, .『성균관법학』 제16권 제2호, 성균관대학교 비교법연구소, 2004.

최진혁, 「프랑스 지방자치단체 재정자치의 논거에 관한 연구」, 『한국지방자치학회보』 제15권 제1호, 2003.

한승준, 「분권화시대의 지역 거버넌스에 관한 연구: 프랑스의 계획계약제도를 중심으로」, 『한국행정학보』 제38권 제5호, 한국행정학회, 2004.

프랑스 문헌 – 단행본

J.-B. Auby · J.-F. Auby · R. Noguellou, Droit des collectivités locales, 5e éme mis à jour, PUF, Paris, 2009.

Sous la dir. F.-P. Benoit, Encyclopedie collectivites loclaes, Dalloz, vol. IV, Paris, 2002.

M. Bouvier, Les finance locales, 12e édition, LGDJ, Paris, 2008.

C. Bocoyannis, Le principe constitutionnel de libre administration des collectivites territoriales, Economica-PUAM, Paris, 1993.

J. Bourdon · J.-M. Pontier · J.-C. Ricci, Droit des collectivités territoriales, 2e édition, PUF, Paris, 1998.

C. Debbasch, Droit administratif, 6e édition, Eoconomica, Paris, 2002.

L. Favoreu · L. Philip, Les grandes décisions du Conseil constitutionnel, 16e édition, Dalloz, 2011.

B. Faure, Droit des collectivités territoriales, 2e édition, Dalloz, Paris, 2011.

J. Ferstenbert · F. Priet · P. Quilchini, Droit des collectivités territoriales, Dalloz, Paris, 2009.

R. Chapus, Droit administratif general, T. I, 14e édition, Montchrestien, Paris, 2000.

______, Droit du contentieux administraif, 15e édition, Montchrestien, Paris, 2008.

A. Gruber, La décentralisation et les institutions administratives, Armand Colin, Paris, 1996.

C. Guettier, Institution administrative, 2e édition, Dalloz, Paris, 2002.

A. de Laubadere · J.-C. Venezia · Y. Gaudemet, Traité de droit administratif, 15e édition, LGDJ, Paris, 1999.
M. Long · P. Weil · G. Braibant · P. Delvolvé · B. Genevois, Grand arrêts de la jurisprudence administrative, 18e édition, Dalloz, Paris, 2001.
J.-M. Pontier, La Région, 2e édition, Dalloz, Paris, 1998.
M. Reydellet, Le nouvean contrôle des actes des collectivités locales sous la supression destutelles, PUAM, Aix-en-Provence, 1985.
H. Oberdorff, Les institutions administratives, Armand Collin, 2e édition, Dalloz, Paris, 2000.
M. Verpeaux, Les collectivités territoriales en France, 2e édition, Dalloz, Paris, 2004.
______, Droit des collectivités territoriales, PUF, Paris, 2005.
J. Rivero · J. Waline, Droit administratif, Dalloz, 17e édition, Dalloz, Paris, 1998.
A. Roux, Droit constitutionnel local, Economica, Paris, 1995.
G. Peiser, Contentieux administratif, 12e édition, Dalloz, Paris, 2001.
L. Touvet · J. Ferstenbert · C. Cornet, Les grands arrêts du droit de la décentralisation, 2e édition, Dalloz, Paris, 2001.

프랑스 문헌 - 논문

H. Alcaraz, "Le principe de libre administration des collectivités territoriales dans la jurisprudence constitutionnelles après; à révision constitutionmelle du 28 mars 2003", RFDA, mai-juin 2009.
J.-F. Brisson, "Les nouvelles clefs constitutionnelles de répartitition matérielle des compétences entre l'Etat et les collectivités locales", AJDA, 24 mars 2003.
H. Denis-Bertin, "Les techniques de répartition des compétences des collectivités territoriales en France et en Italie", in memoire DEA, Université d'Aix-Marseille Ⅲ, 2000.
J. Chapuisat, "La répartition des compétences. Commentaire de la loi n°83-8 du 7 janvier 1983 relative à la répartition des compétences entre les communes, les départements, les régions et l'Etat", AJDA, 1983.
L.-J. Chapuisat, "Les affaires communales", AJDA, 1976.
P. Delvové, "Le référendum local", RFDA, janvier-février 2004.
Alain Delcamps, "Droit constitutionnel et droit administratif. Principe de subsidiarité et décentralisation", RFDC, 1995.
J.-M. de Forge, "La subsidiarité et le droit public", in Le principe de subsidiairité. De

théorie et la pratique, Téqui 1993.
Y. Madiot, "Sur quelques problèmes actuels de la décentralisation", RFDA, 1996.
J.-M. Pontier, "Les principes de la répartition des compétences, in Les nouvelles compétences locales", Economica, 1985.
______, "*Semper Manet*. Sur une clause générale de compétence", RDP, 1984.
______, "La subsidiarité en droit administratif", RDP, 1986.
______, "La notion de compétences régaliennes dans la problématique de la répartition des compétences entre les collectivités publiques", janvier-février RFDA, 2003.
______, "La République décentralisée de J.-P. Raffarin", Revue administrative, mars-avril 2003.
O. Gohin, "La nouvelle décentralisation et la réforme de l'État en France", AJDA, 24 mars, 2003.
A. Roux, "Le principe constitutionnel de la libre administration des collectivités locales", RFDA, mai-juin 1982.

프랑스 정부 · 의회 보고서

Rapport sur le projet de LO relatif à l'expérimentation par les collectivités territoriales, Doc. AN n°55, 2003. 6.
Rapport de l'Observatoire des finances locales, Direction générale des collectivités locale(DGCL), "Les finances des collectivités locales en 2007 -État des lieux-", 2007. 7.
Direction générale des collectivités locale(DGCL), "Les Collectivités locales en chiffres en 2008", 2008. 3.
Comité pour la réforme des collectivités locales, Rapport au Président de la République -"Il est temps de décider", 2009. 3.

웹사이트

http://www.legifrance.com (프랑스 법령 및 정부 종합포털사이트)
http://www.interieur.gouv.fr (내무부)
http://www.dgcl.interieur.gouv.fr (지방자치국)
http://www.interieur.gouv.fr/sections/reforme-collectivites
http://www.rgpp.modernisation.gouv.fr (지방행정기관 개혁 관련)

색인

ㄱ

경상비교부금 100, 103
경제개발 70
경제자유구역 152
계서적 감독 109
계서적 통제 26
계획계약 67, 138, 139, 140
고유한 사무 22
공공계약 121
공공기관 이전 정책 137
공동기금 103
공채 121
관리계약 121
광역화 146
교육 71
구걸 금지 경찰규칙 93
구속적 주민투표 79, 151
국가대표 110
국가조직의 분권화 41
국가주도형 지역혁신 137
국가주도형 지역혁신 모델 139
국제경쟁력 134
국토발전 136
권한배분 55, 63
권한블록 64, 98, 155
권한블록(le bloc de compétence) 39, 56
권한블록에 의한 총괄이양 161
권한블록원칙 71
권한이양 68
기능적 분권 16
기본권 보장 긴급가처분 125, 127
기본적 자유 124, 128
기샤르(Guichard) 보고서 57
꼬뮌(la commune) 22, 66, 68, 89
꼬뮌 네리스레뱅(Néris-les-Bains) 판결 91
꼬뮌단체장협의회 146
꼬뮌 브넬(Venelle) 판결 124
꼬뮌의 통 · 폐합 정책 154
꼬뮌 포르(Commune de Port) 123
꼬뮌협력체 37, 150, 152, 154
꼴레주(le collége) 67

ㄴ

노인복지 69

ㄷ

다타르(DATAR) 138
대집행권 31
데콩상트라시옹(la déconcentration) 17
데파트망(le département) 22, 67, 68
데파트망교부금 100
데파트망 협의회 145
도로망 68

ㄹ

라모트(lamotte) 부인 판결 113
레지옹(la région) 22, 67, 70

ㅁ

명령제정권(un pouvoir réglementaire) 79
문화정책 67

ㅂ
박물관 67
발라뒤르(Balladur) 보고서 142
법인격 21
변경권 27
보건 69
보조금 102
보충성 51
보충성원칙 49, 51, 59, 161
분권 15
분권화된 국제협력 85
분산 17

ㅅ
사법적 통제화 161
사업별 특별보조금 104
사회보장 69
사회연대적(l'aide sociale) 업무 67
사회통합계획법률 71
산불 방지 67
설비교부금 103
세율결정권 157
소의 이익 115
수직적 재정조정 102
수직적 재정지원 104
수평적 재정조정 104, 105
수-프레페(le sous-préfet) 19, 119
숩시디움(*Subsidium*) 50
승인권 28
신청에 의한 데페레 122
실질연대소득(RSA) 69
실험법 68, 80
실험법률 81

ㅇ
아롱디스망(l'arrondissement) 22
열기적 방식 64
월권소송 110, 111, 112
유럽연합 88
일반권한 154
일반권한조항 24, 39
일반권한조항 방식 64
입법권의 국가독점 126

ㅈ
자유로운 행정 77, 110
자치경찰 90
자치적 규범제정권 79
재원의 동반 99
재원이양이 수반된 권한이양 161
재정노력도 105
재정 불균형 105
재정상 형평화 84
재정자치 84, 95
적법성 통제 107
전국형평기금 103
전문성원칙 63, 98
점진적인 지방분권화 36
주민투표 83
중앙집권 17
지방경찰 89
지방교부금 100
지방권력론 127
지방민주주의 43, 150
지방분권 15, 61
지방분권과 민주주의 19
지방분권과 법치주의 107
지방분권의 구성요소 21

지방분권의 여명 34
지방분권의 전개 38
지방분권일반교부금 99, 100
지방분권 제2막 40
지방분권화 136
지방사무 23
지방세 156
지방(역) 이익 155
지방의 이익 40
지방의회 78, 82
지방의회의 의결 118, 120
지방이전 135, 137
지방자치 77
지방자치단체 개혁 142
지방자치단체의 협력 137
지방자치법 70, 77
지방재정 96, 156
지방 재정조정 100
지방직접세 156
지방행정 141
지방행정계층 147
지시권 26
지역경쟁력 강화 133
지역경제발전계획 138
지역발전 135
지역혁신 134
직업교육 70
집권 16
집행정지 121

ㅊ

총괄적 권한이양 방식 56
최저통합소득(RMI) 67
취소권 27, 30

ㅋ

카논법 49
캉통(le canton) 22
코르스(la Corse) 80
콩세이제네랄(le conseil général) 90

ㅌ

토지이용계획 66
통합교부금 98
특별지방자치단체 152

ㅍ

프랑스식 거버넌스 139
프레페(le préfet) 19, 90
프레페 제소 109, 110, 111, 114, 119
프레페 제소의 대상 120
프레펙투르(le préfecture) 19

ㅎ

항만 70
행정구역 개편 158
행정상 통제 110
행정상 후견 71, 161
행정적 분권 16
행정적 통제 27
허가권 29
헌법적 보장 79
형평성 103
형평화 95, 105
후견적 감독 27